Gabriele Cerwinka
Gabriele Schranz

Die Macht der versteckten Signale

Wortwahl
Körpersprache
Emotionen

UEBERREUTER

Die deutsche Bibliothek – CIP-Einheitsaufnahme

Cerwinka, Gabriele:
Die Macht der versteckten Signale : Wortwahl, Körpersprache, Emotionen / Gabriele Cerwinka ; Gabriele Schranz. – Wien : Wirtschaftsverlag Ueberreuter, 1999
ISBN 3-7064-0578-4

S 0437 3 / 2001 2000

Umschlag: INIT, Büro für Gestaltung
unter Verwendung von Bildern der Bildagenturen Stock Market und Bavaria

Printed in Hungary

Inhalt

Vorwort

Bevor Sie beginnen ...

Die meisten Menschen, die uns täglich begegnen, sprechen dieselbe Sprache wie wir. Ohne lange zu überlegen, verständigen wir uns mit den Worten, die wir von klein auf gelernt haben. Wir verlassen uns sozusagen blind auf diesen „Verständigungscode“. Kommunikation – ob mündlich oder schriftlich – besteht für uns somit hauptsächlich aus einer logisch-systematischen Aneinanderreihung von Buchstaben bzw. Lauten. Was immer wir ausdrücken wollen, die Sprache liefert uns eine Vielzahl von Möglichkeiten.
Wo liegt also das Problem? Warum haben wir in manchen Gesprächen plötzlich das Gefühl, in eine Sackgasse zu geraten? Warum will uns der andere manchmal einfach nicht verstehen? Reichen Worte alleine doch nicht immer aus?
Wie durch Geisterhand entstehen plötzlich unsichtbare Mauern zwischen den Gesprächspartnern. Wer diese versteckten Zeichen nicht rechtzeitig erkennt, landet eben in dieser Sackgasse: Dann helfen auch noch so schöne Worte und Satzgebilde nicht mehr weiter, wir reden aneinander vorbei. Statt Verständigung entsteht Konflikt, statt Eintracht Zwietracht!
Was macht es so schwer, diese unsichtbaren Hürden und Hindernisse zu erkennen? Wie entstehen solche Barrieren überhaupt, und wie können wir sie überwinden?
Wir Menschen sind sehr vielseitige Wesen. Wir sind zu den unterschiedlichsten Emotionen und Gefühlsregungen fähig. Wir verfügen über eine Vielzahl von Fähigkeiten, unsere Gedanken können in ungeahnte Weiten vordringen. Und genau so ist auch unser tägliches Leben: unendlich vielseitig und unendlich interessant! Aber gerade im emotionalen Bereich spielt sich ein Großteil dieser Vielseitigkeit im Unterbewußtsein ab. Wir empfinden und reagieren nicht immer logisch gesteuert. Unser moderner Berufsalltag zwingt uns ein Übermaß an logischen Verhaltensweisen auf. Wir müssen exakt nach Plan funktionieren, unser Wirtschafts- und Gesell-

schaftssystem ist rein logisch orientiert. Deswegen verstecken wir unsere Emotionen unter der Oberfläche von scheinbar logischen Argumenten. Wir „versachlichen“ unsere Gefühle. Und machen es uns gerade deswegen so schwer, einander zu verstehen. Und Worte alleine helfen da oft nicht weiter ...
Das vorliegende Buch soll Ihnen, sehr geehrte Leserinnen, sehr geehrte Leser, helfen, diese Barrieren zu erkennen und richtig zu deuten. Sie können verhindern, den anderen vorschnell in eine falsche Schublade einzuordnen, ein Gespräch vorschnell in ein gefährliches Duell zu verwandeln. Auch die äußeren Rahmenbedingungen spielen dabei eine entscheidende Rolle. Nur wer die versteckten Signale, die unser „Miteinander“ so wesentlich beeinflussen, richtig deutet, wird im Umgang mit anderen erfolgreich agieren – eine Eigenschaft, die auch in unserem modernen Kommunikationszeitalter immer noch der entscheidende Erfolgsfaktor ist!

Wir wünschen Ihnen viel Freude beim Durcharbeiten des Buches und viel Erfolg in der praktischen Umsetzung.

Gabriele Cerwinka

Gabriele Schranz

Wien, im Juli 1999

1 Signale unseres Körpers

Unser Körper lügt nicht! Gefühle und innere Einstellungen, die wir gerne hinter schönen Worten verstecken, drücken sich in unseren Bewegungen oft sehr deutlich aus. Wenn wir also nicht bewußt darauf achten, verrät uns unser Körper. Er spricht seine eigene Sprache. Diese Sprache unterscheidet sich aber auch noch auf andere Weise von unserer „Wortsprache“: Wir sprechen sie sehr intuitiv und verstehen auch die Körpersprache unseres Gesprächspartners meist nur intuitiv. Diese Sprache ist uns zum Großteil angeboren. Auf der ganzen Welt, in allen Kulturkreisen finden sich ähnliche Gesten für ähnliche Gefühle. Der Eskimo-Junge versteht das Mädchen aus Schwarzafrika, wenn es das Gesicht verzieht, weil es an eine Zitrone denkt.
Andere Bestandteile der Körpersprache sind angelernt, von unserer Umgebung, unserem Kulturkreis abhängig. Aber auch diese Ausdrucksformen haben wir intuitiv übernommen und nehmen sie intuitiv beim anderen wahr.
Und gerade in dieser „unbewußten Sprechweise“ der Körpersprache liegt ihre ganze Macht. Sie verrät viel mehr über uns, als uns oft lieb ist. Der andere speichert diesen „Verrat“ aber nur im Unterbewußtsein und reagiert damit unterbewußt auf dieses Wissen. Wir wissen daher oft nicht, warum ein Gespräch plötzlich in völlig anderen, ungeplanten Bahnen verläuft.
Und selbst Menschen, die sich sehr bewußt mit der Sprache ihres Körpers auseinandersetzen, diese Sprache eifrig trainieren, tappen in diese Falle. Bei einer hitzigen Debatte im Fernsehen vergißt der ansonsten sehr souverän agierende Politiker schon einmal auf das nervöse Zucken seines Fußes. Und der Festredner ist sehr froh, daß das hölzerne Redepult den Großteil seines „lampenfiebergeschüttelten“ Körpers verdeckt. – Die schön gestylten Plexiglaspulte sind bei Profis nicht gerade beliebt, denn diese wissen um ihre Schwächen!

Unter der Vielzahl von Informationen, die die Körpersprache verrät, interessieren uns in diesem Buch vor allem jene, die wie unsicht-

bare Barrieren im Gespräch wirken. Warum gehen wir auf den so wortreich und offen präsentierten Vorschlag unseres Gegenübers nicht ein? Was macht es uns so schwer, die Hürde zu ihm zu überwinden? Und wodurch merken wir überhaupt, daß es diese Hürde gibt?
Viele dieser Barrieren und Schranken, die wir durch die Körpersprache errichten, dienen der Abwehr, dem Widerstand gegen die Außenwelt. Wir wollen uns schützen, uns und unser Innenleben verbarrikadieren. Diese Barrieren können aber auch durchaus nach außen gerichtete „Waffen" sein, die bewußt oder unbewußt den anderen zurückdrängen wollen: „Rück mir ja nicht zu nahe, sonst gibt es Kampf – und wer den gewinnt, ist wohl klar!" Schnell wird aus einer körpersprachlichen Barriere eine Drohgebärde, ein Zeichen der Aggression.

Unser Körper verfügt über viele Möglichkeiten, sichtbare und unsichtbare Hürden aufzurichten. Die schönsten Worte nützen da wenig, wenn ein Teil unseres Körpers eindeutig sagt: „Halt! Bis hierher und nicht weiter!" (vgl. auch 6.3).

1.1 Widerstand, der uns im Gesicht geschrieben steht

In unserem Gesicht gibt es an die zwanzig Muskeln, die ausschließlich dazu da sind, unsere Gefühle auszudrücken. Feinste Nuancen, die in „plumpen" Worten oft verloren gehen, können damit visualisiert werden. Wir reagieren mit diesen Muskeln auf äußere oder innere Reize. Oft huschen diese Reizreaktionen nur für den Bruchteil einer Sekunde über unsere Gesichtszüge. Trotzdem registriert unser Gegenüber sie unbewußt – und darum um so nachhaltiger!

Die Augen nehmen in der Sprache des Gesichtes eine zentrale Rolle ein. Nicht umsonst spricht man auch von „den Fenstern zur Seele". Sie spiegeln unsere inneren Gefühle ziemlich deutlich wider. Ich kann zwar ein Lächeln bewußt auf meinen Mund zaubern, aber ob dieses Lächeln auch meine Augen erreicht, ist fraglich …

Ein ehrlich gemeintes Lächeln spiegelt sich auch in den Augen. Die Pupillen öffnen sich und lassen das Licht – und selbstverständlich auch die Botschaft des Gesprächspartners – in unsere Sinne eindringen. Eine wirklich offene Haltung zeigt sich also in den vergrößerten Pupillen. Sie wecken im anderen Vertrauen.

Ziehen sich jedoch die Pupillen zusammen, verschließen wir uns vor dem, was da auf uns einwirken will. Wir verschließen uns vor zuviel Licht, aber auch vor zuviel Emotion. Diese Wirkung wird oft noch durch ein mehr oder weniger starkes Zusammenziehen der Muskeln rund ums Auge unterstrichen: ein typisches Zeichen der Abwehr, des Widerstandes.

Der „Begrüßungsblick"

Die Augen sind eines unserer wichtigsten Kommunikationsinstrumente. Eine Begrüßung ohne Blickkontakt ist kein guter Einstieg in ein Gespräch. Durch den bewußten Blickkontakt signalisieren wir unserem Gegenüber, daß wir es wahrgenommen haben. Auch unter fremden Menschen, die zum Beispiel gemeinsam einen Lift betreten, ist ein kurzer Blickkontakt üblich: „Ich habe dich wahrgenommen, ich bin friedlich, ich fürchte mich nicht vor dir, und du hast von mir auch nichts zu befürchten." – Nach ca. drei Sekunden schweift der Blick wieder ab.
So verläuft ein typisches Begrüßungsritual unter Fremden – ganz ohne Worte! Würden wir den Fremdling neben uns im Lift bis zum fünften Stockwerk weiter mit unserem Blick fixieren, er würde sich äußerst unwohl, vielleicht sogar bedroht fühlen, ganz nach dem Motto: „Was will der bloß von mir?"

Ein zu starrer, intensiver Blickkontakt kann also als Drohgebärde verstanden werden – und das nicht nur in afrikanischen Kulturen, wo es grundsätzlich als unhöflich und als Mißachtung des anderen gilt, wenn man ihm direkt in die Augen schaut.
In vielen „männerdominierten" Kulturkreisen wird überdies von der Frau erwartet, daß sie die Augen zu Boden schlägt – ein direkter Blickkontakt wirkt da wie eine freche Kampfansage!
In vielen Kulturen gilt ein niedergeschlagener Blick nicht als Zeichen von Schwäche und Unterwerfung, sondern zeugt vielmehr von Achtung und Wertschätzung. In unserer westlichen Kultur sind wir dagegen gewohnt, uns dem anderen zu stellen, die Konfrontation zu suchen. Wer da wegschaut, gilt als unsicher, schwach und als schon halb besiegt. Und genau darum geht es uns vielfach – gerade im Berufsleben: siegen und besiegt werden. Entweder ich oder du. Nur die Starken überleben. Zurückhaltung wird nicht als Tugend, sondern als Schwäche ausgelegt.
Selbstsicheres Auftreten gilt also als oberstes Gebot. Dazu ist uns jedes Hilfsmittel recht. Und das bewußte Trainieren der Körpersprache ist nicht zuletzt deshalb derzeit so beliebt.

Mit Blicken drohen

Wie wir mit unseren Blicken kommunizieren, hängt auch davon ab, ob wir gerade sprechen oder zuhören. Beim Zuhören empfindet es der andere als normal, wenn wir ihm in die Augen schauen – wir signalisieren damit Aufmerksamkeit, ungeteilte Hinwendung zu seiner Botschaft.
Anders verhält es sich für den, der selbst aktiv kommuniziert, selbst gerade spricht.
Wenn er, während er mit uns redet, uns – vielleicht auch noch mit leicht zusammengezogenen Augen – fixiert, ohne zwischendurch den Blick einmal abschweifen zu lassen, wirkt das auf uns bedrohlich. Die freundlichsten Worte hinterlassen durch diese „Begleitmusik" ein ungutes Gefühl bei uns.

Es ist also normal, gelegentlich den Blick zur Seite zu wenden, während man den anderen mit Worten „bombardiert". Nur wer seinen Worten besonderen Nachdruck verleihen will, der „durchdringt" sein Gegenüber auch noch mit seinen Blicken, will es quasi hypnotisieren. Leider erreicht er damit nicht immer den gewünschten Effekt. Der Zuhörer kann sich nämlich nach kurzer Zeit nur noch auf den Machtkampf der Blicke konzentrieren, den Inhalt der Worte nimmt er nicht mehr wahr. Wer wird verlieren, wer wendet den Blick zuerst ab?

Ein drohender Blick kann nicht nur durch die zusammengezogene Augenpartie unterstützt werden. Ein typischer „Drohblick" entsteht auch durch ein Hochziehen einer oder beider Augenbrauen. Damit dabei die Augen nicht zu weit geöffnet werden (was ja wieder eine eher offene Mimik symbolisieren würde), zieht man die Oberlider etwas nach unten. Und damit der andere dabei nicht aus dem direkten Blick-Schußfeld verschwindet, wird der Kopf leicht angehoben. Dadurch entsteht der typische „Oberlehrer-Blick": herablassend, belehrend, zurechtweisend.

Im Unterschied zu den Augen und zum Mund ist die Nase nicht gerade sehr „ausdrucksstark". Trotzdem oder gerade deswegen wird ein auch noch so kurzes Naserümpfen vom Gegenüber ziemlich deutlich und meist auch bewußt registriert.

Ein kurzes Rümpfen der Nase ist ein deutliches Zeichen von Mißfallen. „Das stinkt mir!" Die gleichzeitigen Veränderungen in den Augen werden hingegen meist nur unbewußt wahrgenommen.

Der Mund spricht nicht nur mit Worten ...

Der Mund ist unser Lautsprecher. Die Worte dringen heraus, während wir die Laute mit der Muskulatur rund um den Mund formen. So können wir – mit einigem Training – auch von den Lippen des anderen lesen, ohne den Klang der Worte zu hören.
Daneben sendet gerade der Mund auch eine Vielzahl von Signalen aus, die nichts mit Worten zu tun haben. Der Mund ist unser Tor zur lebensnotwendigen und genußreichen Nahrungsaufnahme. Wenn uns etwas nicht schmeckt, machen wir eben einfach den Mund zu! Sind wir nicht einer Meinung mit unserem Gesprächspartner, pressen wir die Lippen aufeinander. Obwohl vielleicht unser leicht geneigter Kopf eine nachdenkliche Geste symbolisieren soll, zeigen die zusammengepreßten Lippen eindeutig Abwehr. Wir lassen die andere Meinung nicht an uns heran, der Mund dient als Barriere. Diese Art von Schweigen sollten Sie nie als Zustimmung werten!

Eines der wichtigsten Signale unseres Mundes ist das Lächeln.

Wie entsteht das Lächeln? Wann haben wir es erlernt? – Nichts bezaubert die Eltern so sehr wie das erste Lächeln ihres Babys. Dabei meinen viele Entwicklungspsychologen, daß es sich dabei nur um eine unbewußte Muskelbewegung im Gesicht des kleinen Erdenbürgers handelt. Rein zufällig ziehen sich die Mundwinkel nach oben.
Und wie reagieren die Eltern darauf? Mit freudiger Zuwendung, durch liebevolle Worte und durch ein bewußtes Lächeln. Lernt das Kleinkind gar nur durch diese Reaktion, daß sein Lächeln so positiv wirkt?
Doch ganz sicher gibt es das angeborene Lächeln: Genauso, wie sich beim Genuß einer Zitrone das Gesicht, die Augen und der Mund zusammenziehen, heben sich beim Gedanken an etwas Süßes, Angenehmes oder Erfreuliches die Mundwinkel leicht nach oben.

Dieser Ausdruck wird – analog zum Zitronen-Beispiel – auch von den Augen ausgedrückt. Ein echtes Lächeln zeigt sich, wie bereits erwähnt, in diesem Zusammenspiel von Augen und Mund. Meist bleiben die Lippen dabei geschlossen. Das Gesicht wirkt fröhlich, freundlich, sympathisch – ohne sich dieser Wirkung bewußt zu sein und gerade deswegen um so echter!

Lächeln als Waffe

Ganz anders verhält es sich da mit dem typischen Siegerlächeln: Eine Reihe strahlend weißer, makelloser Zähne blitzt aus einem idealerweise braungebrannten Gesicht hervor. Bei soviel Glanz schaut ohnehin keiner mehr in die Augen! Der Sieger lächelt und zeigt dabei die Zähne – unser Bewußtsein will uns einreden, daß er uns freundlich und offen begegnet. Aber unser Unterbewußtsein registriert sehr wohl die Drohung. Kein Hund würde auf die Idee kommen, die gefletschten Zähne eines anderen Hundes für ein freundliches Willkommen zu halten! Diese Art von Lächeln – die Lippen nur so weit geöffnet, daß die Zähne gut sichtbar sind – stellt somit fast eine offene Drohung dar.

Es gibt aber auch noch das weitaus harmloser wirkende, verbindliche Lächeln. Die Mundwinkel ziehen sich nach oben, sonst regt sich kein Muskel im Gesicht, und auch die Augen bleiben völlig unbeteiligt. Manchmal ist es noch von einem leichten Kopfnicken begleitet. Dieses Lächeln wirkt irgendwie verkrampft, die verbindliche Geste nur vorgetäuscht – dahinter verstecken sich Gleichgültigkeit und Desinteresse.

Der andere fühlt sich nicht ernst genommen, echte Kommunikation

entsteht damit noch weniger als bei einer echten Drohgeste. Eine Drohung kann zur Konfrontation und damit zur Auseinandersetzung mit dem anderen führen. Aber eine solche vermeintlich verbindliche Geste sagt aus: „Du bist für mich kein ernstzunehmender Gegner, dich speise ich mit einem Lächeln ab – und auf zu wichtigeren Dingen!"
So wird aus einem „freundlichen" Begrüßungsritual eine unüberwindliche Barriere!

1.2 Abwehr mit Händen und Füßen

So wie die Lippen unsere Buchstabenlaute nachformen, so unterstreichen unsere Hände durch ihre Bewegungen unsere Rede. Was wir meinen, kleiden wir nicht nur in Worte, sondern auch in Gesten. Nur: im Unterschied zu den Worten gelingt es uns viel weniger, mit unseren Händen zu lügen. **Die Sprache der Hände ist unmittelbarer, viel echter.**

Wer sich zum Beispiel in seinem Stuhl zurücklehnt und dabei die Hände weit vorstreckt, als wolle er etwas wegschieben, dabei aber betont, er stimme der Sache vollinhaltlich zu, der lügt – mit seinen Worten! Die Hände sagen nämlich genau das Gegenteil: Diese Sache ist noch lange nicht beschlossen, das schiebe ich jetzt lieber einmal weit von mir weg!
Strecken wir unsere Hände bzw. im Sitzen auch unsere Beine vor, schieben wir etwas von uns, verschaffen wir uns Abstand, vergrößern wir unser Revier. Der andere versteht die Drohung: „Rücke mir ja nicht zu nahe, halte Abstand!“

Die Hand als Waffe

Bevor unsere urzeitlichen Vorfahren lernten, Gegenstände als Werkzeug und als Waffen einzusetzen, hatten sie nur ihren Körper zur Verfügung, wie die gesamte Tierwelt auch heute noch. Gerade die Hand eignet sich sehr gut als Waffe: Man kann sie zur Faust ballen, mit der Handkante der angespannten Hand wie mit einem Beil zuschlagen oder die Finger in die Augen des Gegners bohren. Zugegeben, keine allzu zivilisierten Vorstellungen. Heute kämpfen wir im Ernstfall lieber mit ferngesteuerten Raketen. Oder im Berufsalltag lieber mit Worten.

Manchmal aber verfallen unsere Hände in urzeitliche Verhaltensmuster. Unser Gefühl der Wut wird dann direkt durch eine geballte Faust ausgedrückt und nicht durch einen imaginären Druck auf einen Raketen-Auslöser-Knopf!
Selten halten wir jedoch dem „Gegner“ diese Faust direkt unter die Nase – diese Geste wäre doch zu eindeutig. Viel lieber verstecken

wir diese Faust unter dem Tisch, hinter unserem Rücken oder bremsen den angedeuteten Faustschlag durch die andere Hand. Nur im äußersten Notfall saust die Faust auf die Tischplatte nieder. Wir bedrohen aber nicht unseren Schreibtisch, sondern den Verhandlungspartner!
Wer häufig mit der durchgestreckten Handkante, der typischen „Karatehand", argumentiert, meint damit eindeutig: „Spiel dich nicht mit mir, ich bin jederzeit bereit zuzuschlagen und durchaus fähig, ganze Ziegelmauern zu durchschmettern!"

Auch der erhobene Zeigefinger stellt eine eindeutige Drohgeste dar. Wenn ich schon nicht direkt auf die Augen meines Gegners ziele, so möchte ich doch wenigstens Löcher in seine starre Meinung bohren. Wer ständig mit dem Zeigefinger auf eine Stelle in einer schriftlichen Unterlage zeigt, wirkt wie ein Degenfechter, der drohend mit seiner Waffe übt: „Wenn du nicht tust, was ich will, steche ich zu!"

Die leicht angehobenen und nach vorne gerichteten Ellenbogen werden ebenfalls als unterschwellige Drohung verstanden. Nicht umsonst spricht man oft von „Ellenbogentaktik". Man verschafft sich durch die angehobenen Ellenbogen mehr Raum, schiebt den Gegner von sich.

Je mehr sich jemand von den Argumenten des anderen in die Enge getrieben fühlt, desto eher flieht er zu solchen Drohgesten, ganz getreu dem Motto: „Wo Worte versagen, sprechen die Fäuste!"

Die Hände als Mauer

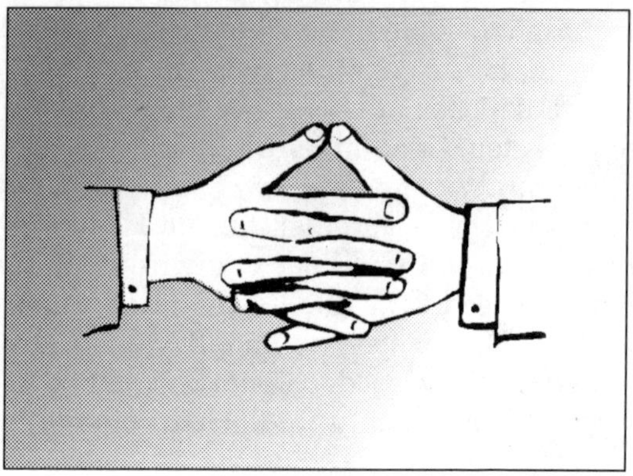

Wenn wir zuhören und der neuen Sache gegenüber skeptisch sind, verschanzen wir uns gerne hinter einem Schutzwall. Haben wir gerade keinen Aktenberg am Schreibtisch vor uns, müssen eben unsere

Hände diese Funktion erfüllen. Die Finger ineinander verzahnt und die Daumen zum spitzen „Wehrdach“ aufgestellt, fühlt man sich bedeutend wohler. Da kann der andere ruhig einmal reden, die eigene Verteidigung ist aufgebaut. So schnell wird er unser Bollwerk nicht durchdringen.

Die Hand dient auch als Schutzwall für unser Gesicht. Nicht nur die berühmten drei Affen halten sich Augen, Ohren und Mund zu. Durch die eine oder andere Geste versuchen auch wir immer wieder, unsere Sinne vor zuviel Information von außen zu schützen. Auch wenn wir die Worte, die wir gerade sagen, lieber zurückhalten möchten, halten wir vielleicht kurz die Hand vor den Mund.
Bei einer Lüge oder bei einer Unsicherheit greifen wir uns gerne an die Nase – wird sie schon länger, so wie beim unseligen Pinocchio? All diese kleinen Gesten im Gesicht drücken Abwehr oder Verteidigung im Gespräch aus.

Wer mit vermeintlich offenen Armen weit ausladend gestikuliert, wirkt dynamisch und extrovertiert. Richten sich dabei aber die Handflächen fast ausschließlich nach innen, also zum eigenen Körper hin, will derjenige sich doch lieber vor zuviel Neuem schützen. Die Offenheit täuscht – er läßt so schnell nichts und niemand an sich heran! Auch die verschränkten Arme vor der Brust können diese Funktion erfüllen.

Doch an dieser Stelle möchten wir eine grundsätzliche Überlegung zur Deutung unserer Körpersprache einbringen: Nicht jede unserer Gesten läßt sich leicht und eindeutig übersetzen. Jede Bewegung unseres Körpers erfolgt auf Grund eines Reizes. Dieser Reiz kann von außen oder von innen kommen. Gefühle und unangenehme Botschaften können solche Reize sein. Wenn wir also eine unangenehme Nachricht erhalten und plötzlich unsere Arme vor der Brust verschränken, handelt es sich eindeutig um eine Abwehrgeste, eine emotionale Schutzmaßnahme.
Der Reiz, der dazu führt, daß wir unsere Arme verschränken, kann aber auch ganz anderer Natur sein: Wenn wir frieren, machen wir genau die gleiche Geste! Ein andermal sind wir vielleicht einfach nur müde vom langen Stehen, suchen neuen Halt und Entspannung

durch eine Veränderung unserer Position. Mit verschränkten Armen läßt es sich einfach entspannt und angenehm zuhören – wir signalisieren dem anderen dann: „Ich nehme mich im Moment zurück, ich lasse dich sprechen, ich höre einfach nur zu!" – So vielfältig läßt sich ein und dieselbe Geste deuten. Der wahre Hintergrund wird immer erst aus dem Gesamtzusammenhang klar.
Nur wer Worte, Gesten und äußere Umstände gemeinsam betrachtet, wer sich in den anderen auch hineinzufühlen vermag, wird die Bestandteile der Körpersprache richtig deuten. Wie bei einem Puzzlespiel ergeben nur alle Teile gemeinsam betrachtet ein Ganzes. Hüten wir uns also vor vorschnellen Urteilen. Fragen wir einfach noch einmal nach, wenn wir auf Grund einer Geste beim anderen Abwehr vermuten.

Der Händedruck als Gradmesser

Die Begrüßung mit Handschlag ist in unseren Breiten üblich. Ihre Herkunft ist klar: Wenn wir dem anderen die Hand zum Gruß rei-

chen, zeigen wir ihm, daß wir keine Waffe halten, daß wir in friedlicher Absicht kommen.
Da wir aber nicht mehr in den einfachen Denkmustern unsere Steinzeitvorfahren denken – „Waffe = Feind, keine Waffe = Freund" –, ist unser Begrüßungsritual sehr vielschichtiger geworden. Die Rolle der Augen haben wir dabei schon behandelt. Wie aber verhalten sich unsere Hände? Wie verbergen wir die bösen Absichten? Was läßt unser Gegenüber ahnen, daß wir doch die eine oder andere Waffe im Köcher haben?

Das ist zunächst der feste „Knochenbrecher-Handdruck". Das schönste Lächeln, die freundlichsten Worte werden durch den eigenen Schmerzenslaut übertönt, wenn uns der andere die Hand fast zu Brei zerquetscht. Er beweist dadurch nicht nur eine feste Gesinnung, sondern mangelndes Feingefühl: So ein Handschlag wird als Angriff, als Verletzung aufgefaßt – und ist es auch tatsächlich, wenn wir Minuten später noch immer den Druck verspüren und kaum fähig sind, unser Glas zu halten.
Ein solches Machtgehabe erstickt ein Gespräch oft schon im Keim. Man versucht, diesen „Kraftlackel" so schnell wie möglich wieder loszuwerden.

Das Gegenteil zum „Knochenbrecher" ist der „kalte Fisch": Die Hand des anderen verweilt sekundenlang ohne jede Regung und ohne Anzeichen von Leben in der unseren. Wir schließen dabei auf völliges Desinteresse des anderen. Wir sind ihm keine Gefühlsäußerung wert, er möchte uns nicht spüren, nicht näher mit uns in Kontakt kommen. Wenn dieser Händedruck in Verbindung mit dem vorher beschriebenen verbindlichen, krampfhaften Lächeln auftritt, ist die Hürde zu einem offenen Gespräch schon fast unüberwindbar.

Behält ein Mann beim Händeschütteln die linke Hand in der Hosentasche, gilt das nicht ohne Grund als unhöflich – der so Begrüßte fühlt sich verunsichert. Handelt es sich hier nur um eine Geste der Unhöflichkeit, oder versteckt der andere gar eine Waffe im Hosensack? – Oder möchte er mir signalisieren, daß er einfach ein zwangloses, kameradschaftliches Gespräch sucht? Dann nämlich bedeutet die Hand in der Tasche: „Ich greife dich sicher nicht an, meine Hand ist ja nicht einmal bereit, mich gegen dich zu verteidigen."

Eine weitere Möglichkeit, schon bei der Begrüßung die Fronten klar abzustecken und dem eigentlichen Sinn des Willkommen-Rituals zu widersprechen, ist der „Wegschieber". Man geht dem anderen mit offen vorgestreckten Armen entgegen – doch statt beim Händedruck die Hand leicht abzuwinkeln, also den anderen an sich heranzulassen, hält man die Hand weiter gestreckt, schiebt den anderen von sich.
Um dieses „Von-sich-Wegschieben" noch zu verstärken, wird dabei oft die linke Hand auf die Schulter des anderen gelegt. Was freundschaftlich-jovial wirken soll, ist jedoch tatsächlich die Versicherung, daß der andere auch ja nicht mit irgendeinem Körperteil zu nahe kommt. Beide Hände schieben ihn weg.
Dieser Gruß muß wohl unter sich feindlich gesonnenen Politikern entstanden sein, die um der Medien willen Freundschaft demonstrieren wollen. Wer kennt nicht den anderen typischen „Politiker-Gruß" aus den Zeiten des Kalten Krieges, als man sich medial-herzlich umarmte und dabei den Betrachter das Gefühl beschlich, daß die beiden dabei nur vermeiden wollten, sich gegenseitig in die Augen zu schauen – der Gegner sollte die bösen Absichten in den Augen des anderen nicht gleich sehen.
Außerdem ermöglicht dieser vermeintlich freundliche Körperkontakt das unauffällige Abtasten des anderen nach versteckten Waffen.

Ähnlich verhält es sich mit dem „Dominanz-Handschlag". Beim Händereichen dreht der dominantere Gesprächspartner die Hand des anderen so, daß seine eigene Hand von oben nach unten auf der anderen Hand liegt. Er bringt die Hand des „Gegners" in die Demutshaltung. Gibt sich der andere nicht geschlagen, legt er vielleicht seine zweite Hand auf die obenliegende Hand des anderen. Was vordergründig besonders herzlich wirkt, ist nichts anderes als ein Machtspiel – wird der andere jetzt seinerseits wieder seine zweite Hand oben drauf legen? Dann sind wir beim beliebten Kleinkinderspiel „Hände-Übereinanderstapeln" angelangt!

Sie meinen jetzt, diese Formen des Grußes habe es eben nur im Kalten Krieg gegeben? Weit gefehlt – Kalter Krieg herrscht auch jetzt noch sehr häufig, vor allem im Berufsalltag. Wahrscheinlich sind all diese widersinnigen Begrüßungsgesten erst dadurch entstanden, weil wir täglich – und das besonders im Berufsleben – unzählige

Menschen begrüßen müssen, ob wir sie sympathisch finden oder nicht. Wir müssen Freundlichkeit zeigen, wir wollen ja etwas von ihnen oder wir wollen zumindest einen guten Eindruck hinterlassen. Man weiß ja schließlich nie, ob nicht ein potentieller Kunde vor einem steht ...
Der Steinzeitmensch hat eben nur jene mit Handschlag begrüßt, die er auch wirklich willkommen heißen wollte!

Hektik mit Hand und Fuß

Wird der Monolog des Gesprächspartners zu lang, beginnen wir gerne nervös mit den Fingern auf den Tisch zu trommeln. Ein klares Stop-Signal: „Wenn du nicht bald aufhörst zu reden, springe ich auf und laufe davon."
Dieses Davonlaufen-Wollen bestimmt sehr häufig unsere Körpersprache. Sitzt ein Verhandlungspartner mit ruhigem, aufrechtem Oberkörper und souveränem Gesichtsausdruck am Verhandlungstisch, vermittelt er den Eindruck, absolut Herr der Lage zu sein. Doch plötzlich beginnen die Füße fast unmerklich unruhig zu werden. Immer wieder bewegen sie sich vor und zurück. Auch wenn sich diese Unruhe noch nicht im Oberkörper spiegelt, ist es doch ein untrügliches Zeichen dafür, daß die Angelegenheit langsam beginnt, heikel zu werden. Am liebsten möchte er davonlaufen, muß diesen Impuls natürlich unterdrücken und möglichst dem anderen seine wahren Gefühle verbergen.

Es ist in unserer modernen Welt in vielen Situationen sehr wichtig geworden, unsere wahren Gefühle nicht zu zeigen, den äußeren Schein zu wahren. Es wäre nicht sehr vorteilhaft für uns, wenn der Chef merken würde, was wir von ihm halten. Oder wenn der Kunde mitbekommen würde, daß er gerade im Begriff ist, den lästigen Ladenhüter endlich zu kaufen.
Bei jeder Art von Verhandlung ist es für den Erfolg entscheidend, den anderen nicht in die eigenen Karten blicken zu lassen. Daher versuchen wir so gut wie möglich, unsere Gefühle zu verbergen. Viele haben erkannt, daß es gerade die Körpersprache ist, die sie immer wieder verrät. Daher ist man um einen bewußten Einsatz der Körpersprache sehr bemüht. Körpersprache-Trainings erfreuen sich

heute nicht nur bei Politikern und Fernsehmoderatoren großer Beliebtheit.

Körpersprache ist jedoch nur bedingt manipulierbar. Besonders die Füße entziehen sich gern jeglichem Versuch, sich bewußt steuern zu lassen. Kleine Anzeichen der Unsicherheit zeigen sich daher zuerst an den Füßen. Nicht umsonst bestehen Politiker bei Fernsehdiskussionen auf ein Verdecken ihrer Füße.

Nachdem wir aber Körpersprache meist nur intuitiv wahrnehmen, ist gerade auch dieses Verstecken der Füße für uns Zuseher eine Art Barriere: Was versteckt er unter dem Tisch? Was machen seine Beine? Warum will er nicht, daß ich ihn ganz sehe? Was versteckt er hinter seinen Worten?

Um ein ständiges Vor- und Zurückgehen unserer Beine zu vermeiden, schlagen wir gerne das eine Bein über das andere. Wir haben die Füße dadurch zwar ruhiggestellt, aber gleichzeitig auch den Bodenkontakt zum Teil verloren. Nur wer mit beiden Beinen fest am Boden steht, hat einen festen „Standpunkt" – er wirkt überzeugend. Hat er ein Bein über das andere geschlagen, ist die Gefahr groß, daß das „Luftbein" beginnt, sich unruhig auf und ab zu bewegen. Richtet sich dabei auch noch die Fußspitze gegen den Gesprächspartner, empfindet dieser eine unbewußte Drohung. Der Fußtritt kann jederzeit tatsächlich erfolgen.

1.3 Abwehrhaltungen des ganzen Körpers

Wir haben schon einige Male erwähnt, daß viele unserer körpersprachlichen Verhaltensmuster seit Urzeiten die gleichen sind. Gerade im Bereich der „Verteidigungsgesten" wird das deutlich. Bevor der Mensch über kunstvolle Waffen und Verteidigungsmechanismen verfügte, hatte er nur seinen Körper für Kampf und Schutz zur Verfügung. Und er wußte, daß es eben mehr oder weniger empfindliche Körperpartien gibt. Ein Faustschlag in den Bauch, ein Biß in den Hals waren tödlich. Fing man dagegen den Schlag mit dem Arm ab, gab es höchstens einen gebrochenen Knochen, aber meist keine lebensbedrohende Verletzung. Daher haben unsere Vorfahren einen Angreifer mit zur Seite gedrehtem Körper abgewehrt, ihm die etwas unempfindlichere Knochenseite zugewandt. Dieses Verhaltensmuster ist bis heute gleich geblieben. Eine offene Körperhaltung präsentiert dem anderen die „verletzlichen Weichteile", unsere ungeschützte Vorderfront. „Ich fürchte mich nicht vor dir, ich gehe nicht in Deckung." Umgekehrt wenden wir einem potentiellen Gegner unbewußt unsere Knochenseite, unsere Seitenfront, zu. Wir zeigen ihm die kalte Schulter.

Der andere spürt das unbewußte Wegschieben, die Barriere. Mit jemandem „über die Schulter" zu kommunizieren fällt schwer. Die Gesprächsbarriere Knochenseite steht im Weg.

Unsere Schultern sind wichtige Bausteine unseres körperlichen Verteidigungswalles. Ziehen wir sie hoch, schützen wir damit unseren Hals, der ein äußerst verletzlicher Teil unseres Körpers ist. Hier fließt unsere Hauptlebensader durch, ein Angriff darauf kann tödlich sein.
Wer sich von einem Gespräch zurückziehen will, zieht unmerklich den Hals ein und die Schultern hoch. Der Hals wird möglichst kurz gemacht, um die Angriffsfläche zu verkleinern. Wir versperren uns dadurch nicht nur vor Angriffen, sondern auch vor neuen, vielleicht bedrohlichen Ideen. Der Hals ist ja auch einer unserer beweglichsten Körperteile. Schränken wir diese Beweglichkeit ein, behindern wir auch unsere geistige Beweglichkeit. Neue Gesprächsrichtungen einzuschlagen fällt in so einer Situation schwer.

Wollen wir eine unangenehme Situation von uns wegschieben, tun wir das meist nicht nur mit Händen oder Füßen, sondern mit dem ganzen Körper. Der Chef streckt im Gespräch mit seinem Mitarbeiter die Hände abwehrend nach vorn, richtet die Beine mit angehobenen Fußspitzen ebenfalls nach vorne und lehnt sich gleichzeitig so weit wie möglich in seinem Sessel zurück. Der ganze Körper signalisiert Abwehr, egal was seine Worte auch ausdrücken: „Das ist ein durchaus interessanter Vorschlag, Herr Meier!" – Armer Herr

Meier, sein Vorschlag wird wohl in der Rundablage, sprich: dem Abfallkorb, landen.

Unser Körper verfügt über eine ganze Reihe von Drohgebärden, die dazu dienen, den Gesprächs-„Gegner" einzuschüchtern, wegzuschieben oder sich selbst zu schützen. Die „zorngeschwellte" Brust ist ein eindeutiges Zeichen: Wer sich aufplustert wie ein Kampfhahn, führt kein friedliches, harmonisches Gespräch im Sinn.

Der klassische Revolverheld steht breitbeinig, die Hände jederzeit bereit und in „Schußhaltung" – vorgestreckter Daumen – in Gürtelnähe, mit konzentriertem Blick und mit der untergehenden Sonne im Rücken auf der Hauptstraße von „Showdown-City". Sein ganzer Körper drückt höchste Spannung, jederzeitige Bereitschaft zum Angriff aus. Jeder Gegner deutet dieses körpersprachliche Signal richtig. Aber auch ohne Revolver im Halfter, ohne dramatische Hintergrundmusik und „John-Wayne-Look": diese Geste finden wir beim einen oder anderen Gesprächspartner wieder. Die über den Hüftumfang hinaus gespreizten Beine signalisieren immer Kampfbereitschaft, Drohung. Die leicht angewinkelten Arme mit den dadurch angehobenen und spitzen Ellenbogen und der mehr oder weniger schußbereiten Hand an der Seite wirken bedrohlich – auch wenn die Munition nur aus Argumenten besteht!

Aber nicht nur Drohgesten schaffen Barrieren in einem Gespräch. Auch Gesten offen zur Schau gestellter Überheblichkeit stören die Harmonie oft entscheidend. Lehnt sich ein Teilnehmer bei einer Teamsitzung demonstrativ zurück und verschränkt dabei die Arme hinter dem Kopf, wirkt er auf den ersten Blick entspannt, lässig, selbstsicher. – Doch was sagt seine Geste wirklich aus? Er präsentiert offen und ohne Verteidigungsmöglichkeit (die Hände sind ja hinter dem Kopf „fixiert") seine empfindlichen Weichteile, ja, er provoziert geradezu einen Angriff. Wer dem anderen so deutlich zu verstehen gibt, daß er seinen Angriff weder fürchtet noch ernst nimmt, ist sich seiner Sache schon sehr sicher. „Was immer ihr jetzt noch an Argumenten bringt, meines ist doch das Beste, meine Position als Sieger ist absolut unangreifbar!"

Die Wellenlänge der versteckten Signale

Wenn zwei sich gut verstehen, erkennt das auch ein etwas weiter entfernter Beobachter, ohne die Worte zu hören. Die beiden sind einander zugewandt, ihre Körperhaltung ist entspannt, keiner stört das Gespräch durch fahrige Bewegungen. Die Körperhaltung ist oft sogar ähnlich, fast spiegelverkehrt. Die beiden sind auf einer Wellenlänge.

Wer sich im Einklang mit dem anderen befindet, der tendiert dazu, auch die Haltung des anderen zu spiegeln. Legt der eine den Kopf leicht schief, tut dies unmerklich auch der andere. Verschränkt der eine die Arme, tut's der andere auch – kein Zeichen von Abwehr, sondern vielleicht der Übereinstimmung darüber, daß der Punkt etwas heikel ist, und das für beide. Sie sprechen nicht nur mit Worten eine gemeinsame Sprache.

Anders verhält es sich, wenn diese Harmonie bewußt gestört wird.

Das passiert zum Beispiel, wenn sich plötzlich einer der Gesprächspartner zur Seite dreht, dem anderen die Knochenseite zuwendet. Die Gesprächswellen prallen ab, werden zurückgeworfen. „Ich nehme deine Botschaft nicht an, ich schicke sie zurück!"

Eine wichtige Voraussetzung für die gleiche Wellenlänge ist auch die Sprechposition der einzelnen „Sender". Unsere Kommunikation kann schon dadurch gestört sein, daß ein Gesprächspartner sitzt und der andere steht. Wenn wir uns nicht auf gleicher Höhe befinden, ist der Aufwand, um ein gutes Gesprächsklima zu erzeugen, groß.
Diese Barriere wird in Gesprächssituationen oft bewußt eingesetzt. Der Chef, der auf seinem „Thron" sitzt, während der Besucher mit dem „Büßerstuhl" vorliebnehmen muß, will von Anfang an klare Fronten schaffen. An einem gleichrangigen Gesprächspartner ist ihm wohl nicht gelegen. Über- und Unterordnung sollen klar festgelegt sein.
Ähnlich verhält es sich bei den typischen „Amtsgesprächen": Einer – der „Bittsteller" – steht vor dem Tisch des „allmächtigen Beamten" und muß sich leicht vorneigen, um sein Anliegen vorzutragen – kein guter Start in ein Gespräch!
Andererseits läßt sich von oben herab aber auch leicht in aggressivem Ton argumentieren. Steht ein Mitarbeiter neben einem am Schreibtisch sitzenden Kollegen, kann er in dieser Position seine Kritik aus einer überlegenen Position äußern. Bleibt der Kollege sitzen und weicht vielleicht auch noch vor dem verbalen Angriff zurück, indem er noch weiter in seinen Stuhl versinkt, hat der Aggressor Oberwasser. Erst wenn der Angegriffene seinerseits auch aufsteht und sich so in die gleiche „Kampfposition" begibt, ist das körpersprachliche Gleichgewicht wiederhergestellt und die unsichtbare Hürde kann genommen werden.

Distanzzonen als Barrieren

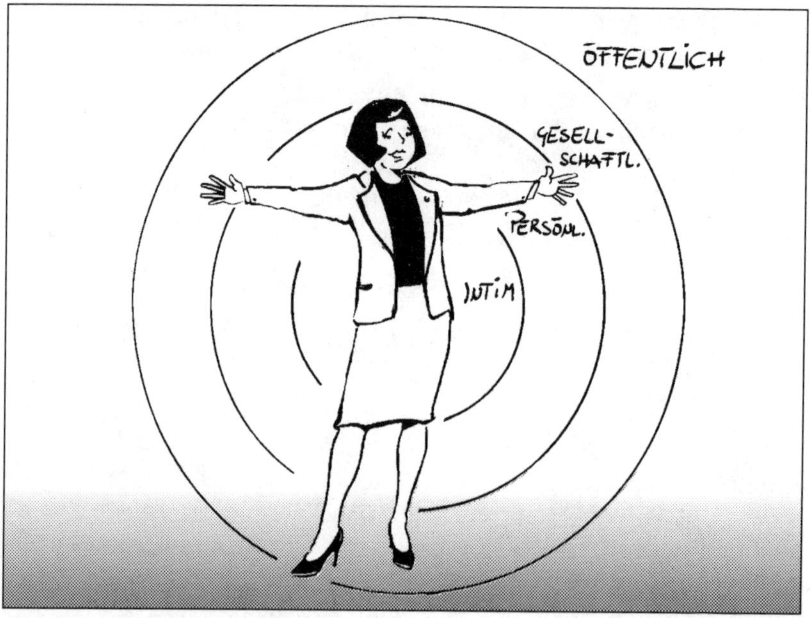

Je nach Gesprächssituation beanspruchen wir einen bestimmten Raum – die Distanzzone – um uns, in den der Gesprächspartner nicht eindringen sollte. Die unsichtbare Distanzzone sollte in jeder Gesprächssituation gewahrt bleiben.

Wie wir diese unsichtbare Grenze setzen, hängt zunächst hauptsächlich von der Person unseres Gegenübers ab. Ganz nahe an uns heran lassen wir dabei normalerweise unseren Lebenspartner und die engste Familie. Wir hören nicht nur ihren Worten zu, wir wollen sie mit all unseren Sinnen spüren. Der Hautkontakt und der Geruch sind dabei sehr wichtig. Das Gelingen der Kommunikation hängt dabei auch von dieser Nähe ab. Ein Kind, das die Liebe der Eltern nie spürt, wird sich auch im Gespräch mit ihnen schwer tun. Partner, die keine körperliche Nähe mehr zulassen, entziehen sich die gemeinsame Basis. In dieser „**Intimen Distanzzone**" wirkt also der Entzug der Nähe als Barriere.

Unsere „**Persönliche Distanzzone**" beginnt etwa in Armeslänge von uns entfernt, also bei ca. 60 Zentimeter, und reicht bis 1,50 Meter. In diesen Raum passen Freunde und Menschen, die wir zwar gerne um uns haben, die wir aber trotzdem nicht ständig an uns drücken wollen. Wir verständigen uns gerne durch Worte, durch Blicke oder auch durch Spiegeln der Körperhaltung. Die gemeinsame Wellenlänge ist da, auch ohne ständigen Hautkontakt.
Zu große Nähe kann auch bei guten Freunden wie eine unsichtbare Barriere wirken – das Beziehungs-Gleichgewicht ist gestört. Diese Zonen um uns sind jedoch nicht rundherum gleich groß: die angegebenen Werte beziehen sich vor allem auf unsere Vorderseite, unsere offene, „verletzliche" Körperfront. An unsere seitliche „Knochenfront" lassen wir andere durchaus auch näher heran, wir sind da ja ohnehin besser geschützt. So ist es ganz normal, sich bei der guten Freundin am Arm einzuhaken. Sie aber während des Gespräches ständig frontal an uns zu drücken, wäre ziemlich beengend.

Gerade in Freundschaftsbeziehungen ist dieses Spiel mit Nähe und Distanz ein sehr heikles, oft unterschätztes Thema. Es gibt Situationen, die körperliche Nähe verlangen, so zum Beispiel, wenn wir der besten Freundin Trost spenden. Durch eine plötzlich auftretende emotionale Ausnahmesituation werden die Grenzen aufgehoben. Wir erlauben dem anderen ein Eindringen, wir fordern es geradezu. In anderen Situationen wirkt so ein Eindringen – auch vom besten Freund – vielleicht einengend. Weil es aber der beste Freund, die beste Freundin ist, lassen wir dieses leichte Unbehagen nicht zu und verdrängen es. Irgendwann analysieren wir dann, warum die Freundschaft nicht mehr so ist, wie sie war, und nicht selten hört man dann Sätze wie: „Es wurde mir zu eng, der andere hat sich ja richtig an mich geklammert!" Auch wenn wir es im übertragenen Sinn meinen.

Menschen empfinden körperliche Nähe unterschiedlich. Der eine tut sich schon schwer mit der allgemeinen Praxis der Begrüßungsküßchen, und der andere kann nicht nah genug an den anderen heran. Diese Unterschiede entspringen einerseits unseren unterschiedlichen Wahrnehmungsformen – je nachdem, welche mehr ausgeprägt ist: hören, sehen oder fühlen –, andererseits unseren bisherigen Erfahrungen.

Menschen, die sich aber über all diese Überlegungen großzügig hinwegsetzen und ihre kommunikative Präsenz so nah am Mann wie möglich demonstrieren wollen, werden leicht als „distanzlos" eingestuft, die vermeintliche Nähe zum anderen wird zur echten Hürde.

Unsere **Gesellschaftliche Distanz** beginnt bei 1,50 Meter und reicht bis ca. 2 Meter. Hier haben all jene Platz, die wir im Berufsalltag treffen: der Chef, Mitarbeiter, Kunden, Verkäufer etc. Ein ganz schön enger Raum für so viele Menschen!
Diese gesellschaftliche Mindestdistanz läßt sich auch nicht immer einhalten. Sehr oft müssen uns auch wildfremde Menschen wesentlich näher rücken. Denken Sie nur an die Situation in der überfüllten U-Bahn, im vollbesetzten Lift, beim Zahnarzt oder beim Schneider. Überall spüren wir die anderen hautnah. Wir verteidigen uns dabei unbewußt: manchmal mit dem einfachen Zur-Seite-Drehen – auch hier kommt wieder unsere Knochenseite zum Einsatz. Wir ziehen uns in uns zurück, unser Körper „ignoriert" die Nähe; wir versuchen in solchen Situationen auch möglichst, ein Gespräch zu vermeiden.
Beim Zahnarzt und beim Schneider können wir uns schwer zur Seite drehen, da müssen wir das Überschreiten der Distanzzone akzeptieren. Wir versuchen den anderen dadurch etwas von uns wegzuschieben, daß wir ihm den direkten Blickkontakt verwehren. Auch wenn wir weiter mit ihm reden, richtet sich plötzlich unser Blick an ihm vorbei in die Ferne. Ein Verhalten, das der andere unbewußt richtig versteht – kein Zahnarzt würde sich dadurch gekränkt fühlen.

Wer in Situationen erzwungener Nähe den Blick weiter starr in die Augen des anderen richtet, der verletzt diese Gesetze von Nähe und Distanz, er beginnt ein Machtspiel, er spricht eine offene Drohung aus. Es ist also nicht immer nur die rein physische Nähe, die als aggressiv empfunden wird, sondern es ist das Verhalten, wie die einzelnen Beteiligten darauf reagieren.
Eine wichtige Rolle spielt dabei auch die Tatsache, ob die Situation der „ungebührlichen" Nähe erzwungen ist oder ob sie vermeidbar wäre. Ist der Aufzug wirklich gerammelt voll, können wir nicht Abstand halten. Sind wir nur zu zweit im Lift, verhält es sich schon anders. Und ist es wirklich notwendig, daß der Kollege immer auf

meiner Armlehne sitzt und offensichtlich nur in meinem Computer die gesuchte Information findet?

Alles, was sich mehr als zwei Meter von uns entfernt befindet, nennen wir **„Öffentliche Distanz“.** Hier finden wir Redner, Schauspieler, Lehrer und ähnliche. Wir empfinden es als unangenehm, wenn der Schauspieler plötzlich von der Bühne springt und versucht, uns hautnah in das Stück mit einzubeziehen. Wir wollten uns von ihm zwar „ans Herz rühren“ lassen, aber nicht an unseren Körper! Oder wenn der Vortragende im Saal plötzlich vor uns steht und uns direkt anspricht. Und wer ist in der Schule schon gerne in der ersten Reihe gesessen, wo der Lehrer vom Pult aus sprach?

Die Signale, die wir aussenden, wenn eine unserer Distanzzonen überschritten wurde, sind zwar versteckt, aber meist sehr deutlich. Das Unbehagen ist greifbar. Wer das nicht erkennt und weiter vordringt, wird nur einen kurzen Sieg erringen. Der unsichtbare Zaun ist zwar kurzfristig niedergetrampelt, die Wahrscheinlichkeit ist aber groß, daß der andere an Stelle des Zaunes eine Mauer errichtet.

1.4 Kugelschreiber als Keule?

Irgendwann hat der Mensch den Umgang mit Waffen und Werkzeugen gelernt. Werkzeuge unterstützen die Tätigkeit der Hände, sie stellen die „Verlängerung“ unseres Körpers dar. Kleine Kinder erfahren sehr bald, wie hilfreich der Gebrauch von Gegenständen ist. Der Kochlöffel auf den Tisch geschlagen macht einfach viel mehr und viel schöneren Lärm als nur die eigene, kleine Babyhand!

Von derart liebgewonnenen Erkenntnissen trennen wir uns auch als Erwachsene ungern. Der

Chef unterstreicht seine Kritik zwar nicht mehr durch den Kochlöffel, der wurde in der Zwischenzeit durch einen exquisiten Kugelschreiber ersetzt. Aber das Geräusch von Metall auf Holz klingt trotzdem überzeugend ...
Wir ergänzen also oft unsere Körpersprache durch die Verwendung von Gegenständen, machen damit diese Zeichen noch deutlicher, so, als würden wir unsere Worte hinausrufen. Wer mit einem Kugelschreiber oder Bleistift seine Argumente unterstreicht, indem er auf einen anderen zeigt, wirkt wie ein mittelalterlicher Ritter mit seinem Speer. Wann wird er den Gegner mit seinen Argumenten verletzen?

Jede Drohgeste wirkt durch einen Gegenstand „verlängert" doppelt so angsterregend. Daher ist es nicht verwunderlich, wenn sich der andere zu seinem Schutz auch bewaffnet. Während ein Gesprächspartner immer wieder drohend die Mängelliste schwingt, hält sich der andere schützend ein paar Akten vor den Körper.
Meist ist die Bedrohung nicht so deutlich, und trotzdem sucht ein Gesprächspartner hinter einem künstlichen Schutzwall Deckung.

- Wer Schriftstücke oder Unterlagen so vor sich hält, ist für ein Gespräch meist nicht offen. Das Schutzschild blockiert die Aufnahme.

- Ältere Damen klammern oft ihre Handtasche schutzsuchend vor den Körper, Geschäftsmänner ihre Aktentaschen. Ja sogar in der eigentlich recht belanglosen und ungefährlichen Situation des Smalltalks sind wir noch recht froh, zumindest ein Glas vor unseren Körper zu halten. Schutzsuchend umklammern wir es mit beiden Händen. Nur mit Mühe gelingt es manchmal einem anderen, diese Abwehr zu durchbrechen und ein offenes Gespräch zu beginnen.

- Am Verhandlungstisch werden solche Waffen oft sehr bewußt eingesetzt. Wer sich nicht in die Karten schauen lassen will, klappt plötzlich seinen Laptop hoch. Der andere hat keinen Einblick, er weiß nicht, welche Geheiminformation da über den Bildschirm flimmert, er wird verunsichert. Eine Verhandlung, bei der sich jeder hinter seinem Laptop verschanzt, hat wenig Chancen auf konstruktive Ergebnisse – eine solche Körpersprache sagt mehr als tausend Worte!

Ähnlich verhält es sich mit der unbewußten Territorialgewinnung am Verhandlungstisch: Der, der sich für besonders wichtig hält, breitet seine Unterlagen besonders weitflächig aus. Er schränkt damit den Raum für den anderen von vornherein ein. Er wird auch schwer zu Zugeständnissen bereit sein, solange er seine Fronten am Schlachtfeld so klar abgesteckt hat!
Die sachlich notwendigen Arbeitsutensilien dienen hier der Unterstreichung von Macht, der körpersprachlichen Kriegsführung, weitab von sachlichen Argumenten.

- Ein weiteres beliebtes Machtspiel am Besprechungstisch ist das Hineinfassen in fremde Unterlagen. Ähnlich der Distanzzonen-Überschreitung empfinden wir es als aggressives Verhalten, wenn sich jemand in unseren Unterlagen zu schaffen macht – egal ob Freund oder Feind, ob Chef oder Verhandlungsgegner. Automatisch versuchen wir, unser Territorium zu verteidigen, und rücken die Unterlagen ein Stück zurück. Oft wird dann ein Gespräch von solchen Territorialkämpfen beherrscht, die sachlichen Argumente weichen immer mehr zurück. Verteidigungsschlacht statt Raumgewinn!

Aber nicht nur Gegenstände dienen der Körpersprache zur Unterstützung, auch die Kleidung und andere Accessoires setzen unbewußt Zeichen:
Zugeknöpft oder hemdsärmelig – diese Adjektive beziehen sich nicht nur auf den Bekleidungsstil, sondern auch auf die Art zu kommunizieren. Lockert sich der Chef in der Mitarbeiterbesprechung die Krawatte, setzt er damit ein Zeichen: Ab jetzt wird's informell, sagt ruhig, was ihr so auf dem Herzen habt!
Sowohl zu korrekte, steife Kleidung als auch zu betont lässige Kleidung wirken im Gespräch als Barriere. Wer sich hinter einem zu engen, zugeknöpften Sakko verschanzt, dem unterstellt man leicht Engstirnigkeit, die sicher seinen Gedanken keinen Raum läßt. Und wer nur mit lässigen, formlosen Schlabberhosen durchs Leben läuft, dem fehlt die klare Linie, den kriegt man nicht zu fassen.
Die richtige Kleidung hängt natürlich genauso wie die eigentliche

Körpersprache von der gemeinsamen Wellenlänge ab, ganz nach dem Motto „gleich und gleich gesellt sich gern". Bei aller Toleranz in Modefragen suchen wir uns doch gerne unser eigenes Spiegelbild. Die Erwartungshaltung spielt dabei auch noch eine Rolle. Die junge, aufstrebende Angestellte sollte zwar durchaus im Businesskostüm auftreten, aber bitte nicht mit einem Designerstück, das edler erscheint als jenes der Seniorchefin! Wer den unausgesprochenen „Dresscode" einer Gruppe durchbricht, baut eine Barriere für seine Beziehungen zu den anderen Gruppenmitgliedern.

Gehen wir noch einmal zur **Körpersprache unseres Gesichtes** zurück: Barrieren drücken sich hier für den anderen sehr deutlich aus.

- Nach unten gezogene Mundwinkel deutet jeder als Zeichen der Mißbilligung, des Mißfallens, der Skepsis. Was aber, wenn jemand diesen Eindruck hervorruft, indem sein Schnauzbart genau die Konturen der herabgezogenen Mundwinkeln nachzeichnet? Und wie reagiert der Beobachter, wenn der Blick auf den Mund verwehrt ist, weil ein Bart die Lippen völlig verdeckt? Wenn wir nicht erkennen können, welches Gefühl der Mund des anderen gerade ausdrückt, werden wir unsicher. Setzt er ein Lächeln auf, sehen wir das erst, wenn er seine Zähne fletscht. Die Absicht des anderen wird damit – überspitzt gesagt – erst beim definitiven Angriff, beim Biß, erkenntlich. Der Bart schafft so leicht Unsicherheit, Reserviertheit, eine Barriere.
  Haben wir jedoch positive Assoziationen mit Bärten, wollen wir oft gar nicht so genau hinter die Kulissen schauen: Wir verbinden Bart zum Beispiel mit Gemütlichkeit, warten nur auf das bestätigende Brummen des anderen und schauen gar nicht so genau hin. Unser persönlicher Erfahrungsfilter hat uns einen Streich gespielt, und der „Bärtige" spielt vielleicht ganz gerne mit.

- Eine weitere Barriere im Gesicht können Brillen darstellen. Wer in einem geschlossenen Raum beim Gespräch die dunklen Sonnenbrillen aufbehält, erweckt den Eindruck, etwas verbergen zu wollen. Wer besonders starke Brillengläser benötigt, dessen Augen werden für den Gesprächspartner optisch ver-

ändert. Die Wirkung der Augen kann so hervorgehoben oder verschleiert werden. Besonders unbekannte Gesprächspartner reagieren oft auf solche optischen Täuschungen unbewußt irritiert. Einer offenen Körpersprache kommt in solchen Situationen eine besondere Bedeutung zu. Es werden ja Gott sei Dank einzelne Signale nicht nur isoliert betrachtet!
Wer aber sein „Handikap" Brille dadurch umgehen will, daß er den anderen von unten nach oben über den Brillenrand hinweg mustert, erzielt die gegenteilige Wirkung. Er schiebt den Gesprächspartner auf Distanz. Gleiches gilt für die kleinen, halbrunden, typischen „Chefbrillen", über deren Rand sich auch wunderbar mit hochgezogenen Augenbrauen von oben herab auf den anderen blicken läßt. Diese Brille, eigentlich zum Lesen gedacht, wird so als „Machtinstrument" mißbraucht!

- Aber nicht nur Brillen und Bärte verschleiern die Gesichtszüge. Auch zu stark aufgetragenes Make-up, auffällige Frisuren und übertriebener Schmuck können den Betrachter von der eigentlichen Sprache des Gesichtes, der Mimik, ablenken.

Die Barrieren, die wir mit unserem Körper bauen, können also sehr vielfältig sein. Wir reagieren damit auf die jeweilige Situation. Der andere erkennt diese Signale und reagiert seinerseits darauf. Er versteht diese Sprache der Körpersignale genauso intuitiv, wie wir sie sprechen. Wird diese Signalsprache also nicht gestört, kommunizieren wir auf dieser Ebene, oft völlig unabhängig von unseren gesprochenen Worten.
Wir haben nur allzu oft verlernt, auf diese intuitive Sprache zu hören. Häufig ist sie auch noch zusätzlich gestört: durch bewußtes Verändern, Manipulieren der Körpersprache oder durch physische Barrieren, die den Blick auf den Körper oder Teile davon verstellen. Gesprächsbarrieren können also durch Körpersprache an sich, aber auch durch Körper-Sprachstörungen entstehen.

1.5 Widerspruch in der Körpersprache

Wir haben fast verlernt, unseren Körper ganz natürlich in unsere Kommunikation zu integrieren. Auf der einen Seite unterdrücken wir bestimmte Bewegungen, andererseits fördern wir bewußt Muskelbewegungen, deren Wirkung uns positiv erscheint – typisches Beispiel ist das Lächeln immer und überall. Unsere Wortsprache haben wir ja auch geformt, wie wir wollten, wäre doch gelacht, wenn das mit der Körpersprache nicht auch gelänge!
Was wir dabei übersehen: Unsere Wortsprache wird von unserem Sprachzentrum im Gehirn gelenkt, das in der rechten Gehirnhälfte angesiedelt ist. Dieser Gehirnteil ist für alle logisch-analytischen Zusammenhänge zuständig (vgl. dazu auch 2.3). Im Unterschied dazu entsteht die Körpersprache sozusagen „aus dem Bauch" heraus, und zwar als Reiz-Reaktionssprache, ohne logisches Gefüge. Sie läßt sich daher auch nicht durch Grammatikregeln und Rechtschreibnormen beeinflussen. Jeder Mensch hat seine eigenen, vielfältigen Ausdrucksmöglichkeiten, die – wie schon eingangs erwähnt – zum Teil kulturunabhängig sind und weltweit verstanden werden. Statt diese somit internationalste aller Sprachen zu pflegen, versuchen wir sie zu unterdrücken. Oder zu manipulieren.

Viele Teilnehmer in Rhetorik-Seminaren wollen lernen, ihre Körpersprache erfolgreicher einzusetzen. Typische „Verlierersignale" sollen verschwinden, und an ihre Stelle soll die überlegene Sprache der Sieger treten. Der Konkurrenzkampf ist hart, und jeder Vorteil ist recht. Nicht nur Spitzenmanager und Politiker haben diesen Trend erkannt – keine Lebenssituation bleibt von „Tips zur richtigen Körpersprache" verschont.

Doch manchmal geht der Schuß nach hinten los. Trotz aller noch so großen Bemühungen spielt uns der Körper einen Streich. Er läßt sich eben nur bedingt manipulieren. Gefühle lassen sich nicht gänzlich unterdrücken, auch wenn sie nicht ins Image passen. Sie kommen genau dann wieder an die Oberfläche, wenn sie am allerwenigsten ins Bild passen. Und verraten uns dann um so mehr in unserer Körpersprache. Wir vergleichen das in unseren Seminaren immer mit einem riesengroßen Wasserball, der sich nur mit Mühe

ständig unter der Wasseroberfläche halten läßt. Wehe, wenn er uns auskommt – dann schnellt er empor.
Zugegeben, mit einigem Training lassen sich manche Teile unseres Körpers recht gut beherrschen. Besonders unser Gesicht – es liegt ja auch ganz nahe an der „Schaltzentrale Gehirn"! Immer schwieriger wird es jedoch, je weiter weg vom „Kommandopunkt" Körpersprache stattfindet. Besonders unsere Beine haben wir oft nicht so „im Griff". Politiker wissen um diese Fehlerquelle Bescheid: sie vermeiden es, bei Diskussionen im Fernsehen ihre Beine ins Bild zu bringen. Meist sind die Gesprächstische deswegen sogar nach unten abgedeckt. Das Bild überzeugender Souveränität soll ja nicht so kurz vor den Wahlen getrübt werden!
Dabei ist ein Blick auf die Füße und Beine oft sehr aufschlußreich. Ist es dem Sprecher vielleicht doch nicht ganz so ernst mit der angestrebten Pensionsreform, wie das unruhige Hin-und-her-Wippen der Beine vermuten läßt? Oder befürchtet er massiven Widerstand, weil er die Fußspitze plötzlich so aggressiv in Richtung Gesprächspartner hochstreckt?

Das Erkennen solcher Widersprüche ist ebenfalls Inhalt vieler Schulungen. Jede mögliche Bewegung eines potentiellen Gesprächsgegners wird analysiert, zerlegt und auf Widersprüchliches hin untersucht. So versucht man, auch jede noch so kleine Lüge zu entdekken. Wir vergessen jedoch, daß erst das Gesamtbild aller körpersprachlichen Äußerungen des anderen einen Schluß zuläßt. Und je hitziger ein Gespräch, eine Verhandlung wird, desto schwerer tun wir uns beim bewußten Übersetzen von Körpersprache. Sie ist eben eine Sprache des Unterbewußten und entzieht sich sehr oft unserem Zugriff.

Alle bewußten Manipulationsversuche unserer nonverbalen Ausdrucksweise schaffen aber auch beim Empfänger unserer Botschaft ein bestimmtes Bild: „Da ist einer, der will etwas verbergen. Der bemüht sich mit Händen und Füßen, mich hinters Licht zu führen!" Diese Erkenntnis erfolgt nicht bewußt, sie wird nur unterbewußt als Information verarbeitet und bildet den Grundstein für den Bau einer Gesprächsbarriere. Wir ziehen uns zurück, werden vorsichtig. All die perfekt agierenden Menschen in den Medien und bei Wahlveranstaltungen machen uns irgendwann mißtrauisch, wenn sie

ihre Echtheit verlieren. Das ist genau der Punkt, den heute viele Persönlichkeiten des öffentlichen Lebens übersehen. Gerade Politiker, die von der Wählergunst abhängen, wollen alle Mittel nutzen, um sich vorteilhaft zu präsentieren. Eine marketingstrategisch festgelegte Körpersprache darf da nicht fehlen. – Doch nicht allen gelingt das so gut wie Johann Strauß Sohn, der sein Geigenspiel vor dem Spiegel und vor einem imaginären Publikum übte. Er fand dadurch nicht nur seine persönliche Note als Stehgeiger, er verstand es dadurch auch hervorragend, das Orchester fast ausschließlich durch seine zügigen und weit ausholende Bewegungen zu führen. Im Gegensatz dazu bleibt der echte, originale Mensch mit all seinen Ecken, Kanten und Gefühlen oft auf der Strecke. An die Stelle von Überzeugungen treten „Siegersignale".
Wir alle haben jedoch sehr feine Sensoren, die spüren, wenn die Sprache des Körpers nicht zur Wortsprache paßt. Wie bei einem schlecht synchronisierten Film verlieren wir entweder das Interesse oder wir ziehen uns vom Gespräch zurück. **Hüten wir uns also vor einer allzu bewußt manipulierten Körpersprache – sie behindert unsere Kommunikation!**

Zwei Holzwürmer im Theater 1

In einem schönen, alten Theater in einer schönen, alten Stadt lebten einmal zwei Holzwürmer. Sie fraßen sich – so wie schon Generationen ihrer Vorfahren – durch die Bretter, die nicht nur für die Schauspieler die Welt bedeuten. Bei ihren Bohrarbeiten wurden sie von heftigen Erschütterungen unterbrochen, die durch eben diese Schauspieler verursacht wurden. So hielten sie immer wieder inne und sahen dem bunten Treiben auf der Bühne zu.

Heute stand die erste Probe für ein neues Stück auf der Tagesordnung. Der Regisseur ging mit wortreichen Gesten über die Bühne und erklärte seine Auffassung des Stückes. Die Schauspieler standen in Gruppen herum und lauschten. Einige blickten skeptisch, andere nickten zweifelnd. Der Regisseur kam immer mehr in Fahrt, seine Stimme wurde immer lauter, er rang die Hände, runzelte die Stirn, blickte zum Himmel und griff sich ans Herz. Einmal deutete er nach links, einmal nach rechts, dann wieder raufte er sich die Haare, bis er letztendlich wie vom Pfeil getroffen niedersank.

„Sehr beeindruckend", meinte der jüngere Holzwurm, „ich weiß genau, worum es in dem Stück geht!"

„Schau, schau, ein literarisch gebildeter Holzwurm! Seit wann verstehst du denn die Sprache der Menschen?" fragte der andere Holzwurm, den das ganze Geschehen nur sehr am Rande interessierte.

„Da braucht man doch nichts zu verstehen!" antwortete der andere. „Schau ihm doch zu, dem Armen: Er hat sich unglücklich verliebt, seine Angebetete will nichts von ihm wissen, und letztendlich wird er erstochen, wahrscheinlich vom Nebenbuhler!"

„Was du nicht sagst!" meinte der Ältere. „Aber laß dich nur nicht täuschen, der da so vor sich hin leidet, ist ja nur der Regisseur, ein ziemlich überspannter Typ, den kenne ich schon!"

„Der Regisseur?" fragte der Jüngere erstaunt, „was heißt denn das?"

„Ein Regisseur ist ein Mann, der den Schauspielern erklärt, wie sie ein Stück spielen müssen, und der dann aufpaßt, daß sie auch alles genau so machen. Und wenn ihm plötzlich einfällt, daß er es ganz anders haben will, müssen sie es eben anders spielen."

„Ja, wenn er so gut weiß, wie es geht, warum spielt er es dann nicht selber?"

„Weil er eben nur in der Theorie weiß, wie es geht. Richtig begabt zum Darstellen sind nur die Schauspieler!"

„Aha!" sagte der junge Holzwurm, nahm einen Bissen vom Soufflierkasten und schaute weiter zu, was sich auf der Bühne tat.

Die Schauspieler stellten Fragen, schüttelten zweifelnd den Kopf und waren offensichtlich noch nicht so ganz überzeugt. Die eigentliche Probe begann, und jeder sprach seinen Text, mit oder ohne Textbuch, je nachdem, wie eifrig er seine Rolle schon studiert hatte. Der Regisseur war alles andere als zufrieden. Immer wieder unterbrach er und versuchte den Inhalt mit Mimik, Gestik und Körpereinsatz darzulegen.

Irgendwann wurde es den beiden Beobachtern zu langweilig.

„Das versteh ich nicht! Begabung hin oder her – dem Regisseur wird es das Publikum viel eher glauben!" murmelte der junge, unerfahrene Theaterholzwurm und bahnte sich weiter seinen Weg in Richtung Orchestergraben.

2 Barrieren im Kopf

2.1 Einstellungsblockaden

Das größte Hindernis auf dem Weg zu einem guten Gespräch befindet sich meist im eigenen Kopf. Eine Unzahl von Fragen schwirrt durch unser Gehirn, bevor wir ein Gespräch beginnen:

- Wer steht da vor mir – Freund oder Feind?
- Was will er von mir?
- Was will ich von ihm?
- Wird er mir überhaupt zuhören?
- Interessiert ihn das, was ich sage?
- Was ist, wenn ich etwas Falsches sage?
- Was ist, wenn mir plötzlich nicht mehr einfällt, was ich sagen wollte?
- Wie reagiere ich, wenn er unfreundlich antwortet?
- Was ist, wenn er mich nicht sympathisch findet?

Diese Liste an möglichen Fragen ließe sich beliebig fortsetzen. Nicht immer spielen wir sie alle bewußt durch, aber im Hinterkopf hat jeder von uns die eine oder andere Frage, bevor er mit einem fremden Menschen ein Gespräch beginnt. Je mehr Zeit wir haben, desto mehr beschäftigen wir uns auch mit den möglichen Antworten.

Es ist nun eine Frage der Einstellung, der grundsätzlichen Haltung eines Menschen, zu welchen Schlüssen er vorweg kommt. Der typische Optimist klopft sich selbst ermutigend auf die Schulter und sagt sich: „Aber was, wird schon gut gehen!" Er sucht sich am anderen all jene Merkmale heraus, die für einen positiven Verlauf der Begegnung sprechen.
Anders der Pessimist: Er sieht genau die gegenteiligen Informations-Bruchstücke. Alles, was darauf hindeutet, daß der andere doch nicht freundlich gesinnt ist, wird hervorgehoben. Die Phantasie und mögliche bisherige negative Erfahrungen helfen kräftig mit. Und schon sind wir beim berühmten Beispiel von Paul Watzlawick, in dem ein Mann sich von seinem Nachbarn einen Hammer ausborgen will und wegen all seiner vorherigen Zweifel zu dem Schluß kommt, daß der Nachbar ihm ganz sicher diesen Hammer nicht borgen werde. Erbost klingelt er bei ihm und brüllt dem Verdutzten ins Gesicht, er könne seinen Hammer behalten.
Zugegeben, ein sehr krasses Beispiel – aber so oder ähnlich laufen die Gedanken in unseren Köpfen sehr oft ab. Und das nicht nur vor wichtigen Gesprächen – gerade in vielen Alltagssituationen tappen wir genau in diese „Negativfalle".

Geht es um ein wichtiges geschäftliches Gespräch, sind wir uns meist bewußt, daß zu einer richtigen Vorbereitung auch die positive Einstellung gehört. Viele Bücher predigen (zu Recht) diesen Grundsatz. Und im letzten Firmen-Motivations-Seminar hat man es ja schließlich auch gehört. Also stellt man sich bewußt eine Liste von positiven Aspekten zusammen, um mentale Hürden zu überwinden.
Anders im Privatleben oder bei gesellschaftlichen Anlässen. Gerade bei belanglosen Gesprächen fällt es uns schwer, positiv auf andere zuzugehen. Smalltalk ist deshalb oft so gefürchtet – jeder möchte möglichst im besten Licht erscheinen, nur ja nichts Uninteressantes

von sich geben und schon gar nicht in ein Fettnäpfchen treten. Und so konzentrieren wir uns auf das, was wir alles *nicht* machen sollen – und die „Negativfalle“ ist damit weit offen!

Die „Kleinmacher-Blockade“

Die meisten Einstellungsblockaden liegen genau darin begründet: Wir klammern uns immer viel zu sehr an die negativen Dinge. Wir überlegen, welche Schwächen wir an uns beseitigen sollten, anstatt uns auf unsere positiven Seiten zu konzentrieren. Der Großteil unserer Selbstgespräche hat Negatives zum Thema: *„Typisch, das kann ja wieder nur mir passieren!“* Und unser Körper hört uns geduldig zu. Unsere Gedanken beeinflussen so unser Verhalten. Je nachdem, wie wir sie programmieren, agieren wir auch. Mit unserer inneren Kommunikation lenken wir unser Selbstbewußtsein. **Richten Sie daher Ihre „Gespräche mit sich selbst“ auf ein bestimmtes Ziel aus, und formulieren Sie vor allem aufbauend und motivierend, formulieren Sie positiv!** In unseren Seminaren empfehlen wir stets, Selbstgespräche so zu führen, als wenn Sie mit einem lieben Freund sprechen würden.

Ein weiterer typischer „Kleinmacher“ ist das Nicht-annehmen-Können von Lob. Besonders Frauen neigen dazu, Lob, das sie ausgesprochen bekommen, herunterzuspielen. *„Das ist ja nichts Besonderes, das ist doch ganz selbstverständlich!“* antwortet die Mitarbeiterin ihrem Chef, statt sich offen über sein Lob zu freuen und es mit einem schlichten „Danke“ anzunehmen.
Wir können in unseren Seminaren immer wieder einen eindeutigen Unterschied in der Präsentation der eigenen Leistung erkennen: Männer sprechen meist offener und selbstbewußter über ihren Erfolg, während Frauen oft fast schon Entschuldigungen für eigene Leistungen suchen. Warum das so ist? Ein Großteil hängt sicher mit dem immer noch gültigen Rollenbild der Frau in unserer Gesellschaft zusammen, mit ihrer Erziehung zu Bescheidenheit und selbstloser Hilfsbereitschaft.
Wobei nach unserer Erfahrung es nicht nur Frauen verstehen, sich schon vorweg klein zu machen (vgl. auch S. 130)!

Wir wollen hier aber keine Lanze für übertriebene Selbstdarstellung brechen und die Bescheidenheit verdammen. Es geht uns vielmehr um die richtige Einschätzung der eigenen Leistung, um ein natürliches Selbstwertgefühl. **Lernen Sie, Ihre Fähigkeiten und Leistungen zu achten – nur dann werden es auch die anderen tun!** Verstekken Sie sie nicht, sondern präsentieren Sie sie in angemessener Form: ruhig, offen und überzeugend! Betreiben Sie in diesem Sinne ruhig Marketing in eigener Sache.

Die Negativspirale im Kopf

Das Gefährliche an unseren Einstellungsblockaden ist die Tatsache, daß sie sich stetig vergrößern, verfestigen. Wer sich in einer Negativspirale befindet, setzt Stein auf Stein und baut an seiner geistigen Mauer. Bald ist ihm die Sicht auf die Realität verwehrt. Unsicherheit hat die Tendenz, sich zu verstärken. Wer diesen Kreislauf nicht durchbricht, steht sich so zunehmend selbst im Weg.

Woher aber kommen diese festgefahrenen Einstellungen, die uns daran hindern, offen auf andere zuzugehen?
Jeder Mensch braucht Normen, ein festes Gefüge, in dessen Rahmen er sich frei bewegen kann. Wer die Grenzen nicht erkennt, wird unsicher. Gerade das menschliche Zusammenleben funktioniert nur unter der Voraussetzung, sich an Spielregeln zu halten. Gegenteilige Versuche in der Erziehungspraxis haben das eindrücklich bewiesen. Aber nicht nur Kinder brauchen Regeln, brauchen Grenzen, eben auch wir Erwachsenen. So bildet jede Gesellschaft ihre eigenen Normen und Wertvorstellungen, die festlegen, was richtig und was falsch ist, wo die Grenzen liegen. Manches davon stellen wir in Frage, andere Normen erscheinen uns unantastbar. Es gibt jedoch in jeder Gesellschaft – und ganz besonders in unserer heutigen, pluralistischen – einige Freiräume. Dort schaffen wir uns unsere eigenen Regeln oder leiten sie von den „allgemein anerkannten“ Normen ab. So entsteht in unserem Wertesystem eine Vielzahl von Geboten und Verboten, die unser Verhalten bestimmen. Das ist grundsätzlich nichts Schlechtes, denn nur so ist unser Zusammenleben erst möglich.
Es ist jedoch wichtig, gelegentlich die einzelnen Regeln zu hinter-

fragen, ihre Sinnhaftigkeit zu prüfen und nicht einfach alles zu akzeptieren, was entweder von außen an uns herangetragen wird oder was in unseren eigenen Köpfen entsteht.
Doch gerade, weil unser modernes Leben so vielfältig und kompliziert geworden ist, haben wir zu dieser Überprüfung keine Zeit.
Die Normen der Gesellschaft sind auch nicht mehr so eindeutig wie früher. Eine große Zahl von „Heilslehren" schwirrt durch Medien und Köpfe. Es gibt viele Wege zum Glück, jeder kann sich seinen aussuchen. Die Welt ist wunderbar weit geworden. – Allzu oft übernehmen wir kritiklos solche wohlklingenden Botschaften und machen sie zu unseren eigenen Richtlinien. Und damit das Ganze nicht gar so ernst und lebensbestimmend klingt, verstecken wir die neuen Normen hinter schönen Worten wie „Zeitgeist" oder „Lifestyle". So entsteht das Idealbild des modernen Menschen, dem wir bedingungslos nacheifern.

Und genau da tappen wir in die Falle: die vermeintliche Freiheit täuscht. Jeder kann seinen eigenen Weg gehen – Hauptsache, er ist erfolgreich! Nur wer gewinnt, hat es auch richtig gemacht. Für Verlierer ist kein Platz in der neuen Glitzerwelt. Wir sind alle jung, schön, reich, dynamisch und durchtrainiert!
Was aber passiert, wenn wir plötzlich erkennen, daß wir nicht zu den Siegern zählen? Wenn im Gesicht trotz Wundercreme die ersten Falten auftauchen? Wenn der Finanzierungsplan für das neue Traumauto doch ein Loch aufweist? Wenn die neue Position trotz aller Bemühungen einem anderen angeboten wird?

Egal wie groß oder klein die Niederlagen auch sein mögen, sie werden einmal kommen. Niemand kann immer nur gewinnen. Nur haben wir in unserer Gesellschaft keine Normen, wie man mit Verlust umgeht. Die einzig zu Verfügung stehende Methode: Verdrängen!
Und genau das tun wir. Die kleinen Niederlagen werden in den hintersten Winkel unseres Bewußtseins geschoben, wo sie sich jedoch leider nicht auflösen, sondern böswillig festsetzen. Und so wird alles in diesen Winkel gekehrt, bis der Berg nicht mehr zu ignorieren ist. Dann schlägt die Siegerstimmung plötzlich um: das schöne Wertebild paßt nicht, wir fühlen uns auf der ganzen Linie als Versager.

An die Stelle des Strebens nach Perfektion tritt Pessimismus. Wir trauen uns nichts mehr zu, unsere innere Einstellung wird immer negativer. Und schon sind wir wieder in die Falle getappt! Diese pessimistische Einstellung ist es nämlich, die wir ausstrahlen. Der andere spürt, daß wir uns nichts zutrauen, und traut uns auch nichts mehr zu. Es grenzt in dieser Situation schon an ein Wunder, wenn uns doch noch etwas gelingt.

Die „Negativ-Programmierung" blockiert unseren Weg zurück auf die Siegerstraße. Nur wer lernt, kleinere und auch große Niederlagen hinzunehmen, daraus zu lernen und trotzdem wieder an sich zu glauben, findet diesen Weg. **Nur wer seine inneren Einstellungsblockaden selbst aus dem Weg räumt, hat wieder den Blick frei. Das müssen wir ganz allein tun, das nimmt uns niemand ab!**

2.2 Vorurteile und schlechte Erfahrungen prägen

Unser Wahrnehmungs- und Erkennungssystem funktioniert wie ein Filter. Das Filternetz wurde aus allen bisherigen Erfahrungen gewoben. Jede neue Information durchläuft diesen Filter – er entscheidet, was als unwichtig, uninteressant oder gar bedrohlich weggefiltert wird und was bis in unser Bewußtsein dringen darf. Dieser Filterungsprozeß muß sehr rasch funktionieren. In Sekundenbruchteilen entscheiden wir darüber, ob der andere einen positiven oder negativen Eindruck in uns hinterläßt. Und je mehr Menschen wir treffen, je mehr Dinge an uns herangetragen werden, desto schneller und verläßlicher muß dieser Filter funktionieren. Ohne ihn wären wir nicht fähig, zu überleben.

Nicht nur das hohe „Betriebstempo" bereitet unserem Filter Probleme. Die Merkmale, nach denen er filtern kann, werden immer kleiner, immer versteckter. Einem Steinzeitmenschen war schnell klar, daß der Gegenstand, den der sich nähernde Fremdling in der Hand hielt, kein Beutegeschenk, sondern eine Keule war: Aha, ein Feind! Was aber, wenn die Keule hinter schönen Worten, freundlichen Gesten und einem charmanten Lächeln verborgen ist?
Gerade im täglichen beruflichen „Nahkampf" ist es notwendig, sich nicht täuschen zu lassen, blitzschnell zu entscheiden. Ohne Erken-

nungsfilter ist dies allerdings unmöglich! Und er soll möglichst rasch, möglichst umfassend und störungsfrei funktionieren – ziemlich viel verlangt von einem Gebilde aus Vorurteilen!
Das Wort „Vorurteil" mag vielleicht einen negativen Beigeschmack haben, aber es sind gerade diese Vorurteile, ohne die wir nicht leben könnten. Wir sind auf Grund der eben beschriebenen Tatsachen oft einfach gezwungen, vorweg ein Urteil zu fällen.
Es ist also der falsche Ansatz, Vorurteile einfach zu bekämpfen. – Leute, die im Namen der Toleranz gegen alle Vorurteile auftreten, ersetzen meist nur die einen Vorurteile durch andere. Wir brauchen einfach unsere Vorurteile, um unseren Filter daraus zu bauen.
Doch sind wir unserem inneren Filter – und damit unseren Vorurteilen – bedingungslos ausgeliefert? Müssen wir einfach tatenlos zusehen, wie wir Chancen verpassen, nur weil der persönliche Filter „Nein" gesagt hat? Ist die Barriere „Vorurteil" wirklich unüberwindbar?

Tip 1: Suchen Sie sich Ihre Vorurteile selbst aus!

Das Problem vieler Vorurteile ist es, daß wir sie einfach kritiklos übernommen haben. Im Laufe unserer Entwicklung zum Erwachsenen durchlaufen wir viele Phasen, in denen wir uns mehr oder weniger stark nach außen orientieren. Zunächst sind es die Eltern, die Familie und später die Schule, die unser Urteilsvermögen prägen. Später wollen wir zu einer gewissen Gruppe dazugehören und übernehmen daher auch die Normen dieser Gruppe. Ein weiterer Baustein wird unserem Filter hinzugefügt.
Wir starten so schon mit einem ziemlich festen Gefüge an Vorurteilen ins eigenständige Leben. Natürlich entwickeln wir unseren Filter ständig weiter, aber der Verdacht liegt nahe, daß wir gelegentlich unsere neuen Erfahrungen hauptsächlich dazu nutzen, die bestehenden Vorurteile zu untermauern. So ein Filter muß ja auch fest gefügt sein, will er lange funktionieren. Und welche Schlüsse wir aus einer persönlichen Erfahrung ziehen, bleibt ganz uns überlassen. Denken Sie nur an die berühmte Betrachtungsweise des halb vollen oder halb leeren Glases!

Doch überlegen Sie: Wollen Sie wirklich die Zusammensetzung dieses Filters anderen überlassen? Sollen wirklich Eltern, Lehrer, Freunde, Mitarbeiter, Chefs, Medien und Politiker darüber entscheiden, wie Ihre Vorurteile aussehen?
Vorurteile sind notwendig, aber nehmen wir uns die Freiheit, selbst darüber zu entscheiden! Übernehmen wir nicht einfach kritiklos, was uns andere vorsprechen. Machen wir uns immer wieder bewußt, warum wir diese oder jene Meinung vertreten. Bauen wir uns unseren Filter bewußt selbst!

Tip 2: Hinterfragen Sie Ihre Vorurteile!

Warum komme ich eigentlich mit Frau Ernst in meiner Abteilung nicht aus? – Warum kriegen wir uns nur bei der kleinsten Kleinigkeit sofort in die Haare? – Warum lehne ich jeden Vorschlag, unter dem ihr Name steht, von vornherein ab? Alle anderen scheinen ja bestens mit ihr auszukommen!

Wir tragen aufgrund von Erfahrungen und Erlebnissen aus unserer Vergangenheit Ressentiments oder Mißtrauen gegen bestimmte Personentypen in uns. Bei genauer Betrachtung hat die arme Frau Ernst vielleicht die gleiche Angewohnheit, den Kopf beim Sprechen schiefzuhalten, wie die verhaßte Englischlehrerin in der Schule. Ihre Frisur ist ähnlich und die Aussprache auch. Was immer Frau Ernst auch tut, ich stecke sie in die gleiche Schublade wie meine Peinigerin aus Schultagen. Solange ich aber diesen Zusammenhang nicht erkenne, werde ich im Umgang mit Frau Ernst immer Probleme haben. Und sie natürlich auch mit mir – wieder ist ein Negativkreislauf entstanden!

Will ich mich meinen Vorurteilen nicht einfach ausliefern, muß ich sie kritisch hinterfragen:

- Woher kommen meine Vorurteile?
- Seit wann benütze ich sie?
- Was passiert, wenn ich genau mit den gleichen Vorurteilen bei einem anderen konfrontiert werde?
- Passen meine Vorurteile überhaupt noch zu meiner Meinung?
- Widersprechen sich einzelne Vorurteile?

Vorurteile basieren auf einem persönlichen Wertesystem. Dieses Wertesytem gilt es zu pflegen. Warum vertraue ich auf diese Werte? Was ist mir überhaupt wichtig?

Beim Hinterfragen von Vorurteilen stößt man sehr schnell auf die Sinnfragen der eigenen Existenz. Es ist kein leichter Weg, sich auf die Suche nach sich selbst und den eigenen Überzeugungen zu machen. Es ist aber keineswegs nur etwas für Philosophen und zivilisationsmüde Manager auf Selbstfindungs-Seminaren. Jeder Mensch ist es sich selbst schuldig, einmal darüber nachzudenken, was ihm denn wirklich wichtig ist im Leben. Das hat nicht unbedingt etwas mit „guten" Werten zu tun. Wie auch immer die eigene Erkenntnis lautet: es ist mein Leben, und was ich damit mache, will ich bewußt entscheiden!
Nach diesen inneren Werten richten sich unsere Lebensziele. Nur wer seine Ziele kennt, kann einen konsequenten Weg durchs Leben gehen. An unseren Zielen orientieren sich unsere Prioritäten, entscheiden wir, was uns wichtig ist und was nicht. Danach richten sich unsere Vorurteile. Sie sind also von unseren Zielen abhängig. Wir müssen um unsere Ziele Bescheid wissen, um unseren Filter mit den passenden Vorurteilen auszustatten.

Tip 3: Machen Sie aus negativen Erfahrungen positive Vorurteile!

Vorurteile werden nicht nur von anderen übernommen, einen Teil bilden wir uns selbst – auf Grund unserer Erfahrungen. Von unserem ersten Lebenstag an lernen wir aus Erfahrungen. Wir lernen auf diese Weise unsere Grenzen und das Verhalten unserer Mitmenschen kennen.
In der Kindheit erfolgt dieses Lernen sehr unreflektiert. Später lernen wir, bewußter mit unseren Erfahrungen umzugehen. Lehrer und Eltern weisen uns den Weg: *„Hättest du in der Schule besser mitgearbeitet, so wie die Sabine, wäre die Note besser!"* „Von wegen bessere Mitarbeit von der Sabine – die hat ja bloß nur immer so interessiert geguckt, die hat ja genauso wenig Ahnung wie ich!"
Aus dieser Erfahrung kann ich zu zwei unterschiedlichen Schlüssen gelangen. Entweder, ich stelle fest, daß alle Lehrer doof, leicht zu täuschen und daher nicht ernst zu nehmen sind, oder ich erken-

ne, daß die äußere Erscheinung, der Schein oft auch sehr wichtig bei der Beurteilung einer Leistung ist.
Im ersten Fall werde ich mir wahrscheinlich weitere schlechte Noten einhandeln, weil die Lehrer sehr schnell meine geringe Meinung von ihnen mitbekommen werden. Im zweiten Fall werde ich versuchen, in Zukunft meine Leistung einfach besser zu „verkaufen", eine nicht unwesentliche Fähigkeit für Erfolg im Leben.

So geht es uns mit vielen Erfahrungen. Wir haben die Wahl, was wir daraus lernen wollen. Der alte Satz „Jedes negative Ding hat auch sein Gutes" trifft hundertprozentig zu. Es liegt nur an uns, das Gute auch zu erkennen. Erinnern Sie sich an die „Negativfalle" von vorher: Wer immer nur das Negative sieht, blockiert sich und seine Gedanken. Wer immer nur die negativen Schlüsse aus seinen Erfahrungen zieht, wird mit seinen negativen Vorurteilen seinen persönlichen Filter irgendwann so verstopfen, daß nichts mehr hindurch kann. Die Blockade ist perfekt!

Tip 4: Nutzen Sie die positive Kraft Ihrer Vorurteile!

Richten wir unsere Vorurteile nach unserem positiven Erfahrungsschatz aus, dann können sie unser Verhalten auch positiv beeinflussen. Gehe ich an eine fremde Person mit dem Vorurteil heran, daß sie mir freundlich gesinnt ist, wird der Gesprächseinstieg sicher positiver verlaufen, als wenn ich davon überzeugt bin, der andere sei ein schwieriger Zeitgenosse.
Nicht selten bewahrheiten sich die Erwartungen, die ich in eine Person oder eine Situation setze. Meine innere Einstellung strahlt ja nach außen, wird vom anderen registriert und gespiegelt. Sieht er nur ein verkniffenes, auf Abwehr eingestelltes Gesicht, werden sich auch seine Gesichtszüge kaum entspannen. Gehe ich aber offen und freundlich auf ihn zu, lasse ich erst gar keine Hürden entstehen und mache es ihm leicht, ebenfalls offen auf mich zuzugehen. Analog zur „Negativspirale" gibt es auch eine positive Kraft, die sich so laufend selbst verstärkt. Denn wie man in den Wald hineinruft, so tönt es zurück ...

Alles, was wir dazu tun müssen, ist, unsere Vorurteile an den positiven Seiten einer Person, einer Sache auszurichten. Wir sind aufgrund unserer Schulungstätigkeit überzeugt, daß diese positive Sichtweise erlernbar, trainierbar ist. Die Erfolge, die sich in solcherart geführten Gesprächen einstellen, verstärken den Lerneffekt.

Formulieren wir also unsere Vorurteile positiv, werden sie zu einem wichtigen Motivationsfaktor. Sie beeinflussen unser gesamtes Kommunikationsverhalten. Nehmen wir doch den Vorurteilen ihr negatives Image, nutzen wir vielmehr die positive Kraft, die von einer positiven Einstellung ausgeht.

Tip 5: Vorurteile sind der erste Schritt zur zweiten Chance

Unser wichtigstes Vorurteil sollte so lauten: Einen Menschen, den ich neu kennenlerne, kann ich unmöglich nach dem ersten Eindruck umfassend beurteilen! Wenn wir von vornherein davon ausgehen, daß wir uns immer die Mühe machen sollten, ein zweites Mal hinzuschauen, werden wir vorschnelle Urteile vermeiden. Es besteht nämlich ein großer Unterschied zwischen Vorurteil und vorschnellem Urteil!

Ein Vorurteil ist eine innere Einstellung, mit der wir an einen Menschen herangehen. Es beeinflußt sozusagen den Beginn einer Beziehung, es legt fest, wie wir in diese neue Beziehung hineingehen.

Ein vorschnelles Urteil aber beendet eine Beziehung, bevor sie richtig begonnen hat. Wir fällen ein Urteil aufgrund unserer tatsächlichen „Erkenntnisse". Wir haben die Person in eine Schublade gesteckt und diese gleich wieder zugemacht. Die Sache ist für uns erledigt, abgehakt.

Das Vorurteil läßt jedoch noch Raum für ein „Nachurteil". Wenn nun unser Vorurteil aus der Überzeugung besteht, daß der Mensch ein sehr vielschichtiges Wesen ist und man ihn daher nicht so leicht einordnen kann, schaffen wir so die Grundlage für ein zweites Urteil. Wir geben dem anderen die Chance zum zweiten Eindruck!

2.3 Die Angst und die Flucht beginnen im Kopf

Neben seinen materiellen Gütern verfügt jeder Mensch noch über einen unschätzbar großen Reichtum: sein Wissen, seine Gedanken. Diesen geistigen Reichtum verbrauchen wir tagtäglich, und ohne ihn wären wir wirklich arm. Wir sind uns des Ausmaßes dieses Reichtums meist nicht bewußt, und trotzdem verteidigen wir ihn gegen Angriffe von außen.

Dringt jemand in dieses geistige Territorium ein, reagieren wir irritiert. Stellen Sie sich zum Beispiel ein Gespräch unter Kollegen vor: Der eine, ein echter Fachmann auf seinem Gebiet, wird vom anderen genau zu seinem Thema befragt. Doch statt den Kollegen ausreden zu lassen, unterbricht er ihn ständig und versucht, sein eigenes „Fachwissen" von sich zu geben. Ein typischer Besserwisser! Der echte Fachmann wird sich schnell zurückziehen und am liebsten nichts mehr von seinem Erfahrungsschatz hergeben. Seine Antworten werden immer einsilbiger, er baut eine Mauer um sein „geistiges Territorium". Das Gespräch wird zum verbalen Rückzugsgefecht.

Wer so in das geistige Territorium eines anderen eindringt, darf sich nicht wundern, wenn er keine Information erhält, ja bald auf Gegenwehr stößt und den anderen irgendwann sogar in die Flucht schlägt.

Die ersten Anzeichen der „Fluchtgefahr" spiegeln sich in den Augen. Wer sich in die Enge getrieben fühlt und keine Chance zum Gegenangriff sieht, der wird sich zunächst möglichst unauffällig nach einem Fluchtweg umsehen. Die Augen beginnen unruhig im Raum umherzuirren. Die Augenlider zucken, und die Pupillen ziehen sich zusammen. Der Blick wird geschärft, um den richtigen Fluchtweg zu erkennen.

Der Atem wird unmerklich angehalten. Dann spannen sich andere, für die Flucht notwendige Muskelpartien an. Die Schultern heben sich unmerklich, Nacken und Brustmuskulatur verspannen sich. Die Füße und die Hände beginnen sich unruhig zu bewegen, sie lockern sich so und nehmen die Flucht schon „vorweg". Dann spannt sich der ganze Körper an, die Alarmbereitschaft ist auf höchster Stufe – der Mensch ist bereit zum rettenden Sprung.

Und während dies alles abläuft, spricht er ruhig und manierlich weiter. Würde man nur auf seine Worte hören, käme man nie auf die Idee, daß sich da einer davonstehlen will! Nur die „versteckten Zeichen" verraten die wahren Absichten. Aber begonnen hat diese Flucht im Kopf, in den Gedanken.

Denk- und Merkblockaden

Konnten Sie sich als Kind im Mathematikunterricht trotz aller Worte des Lehrers auch so schwer den Unterschied zwischen Ebene und Raum vorstellen? Oder passiert es Ihnen gelegentlich, daß Ihnen der Name Ihres Gegenübers nicht und nicht einfallen will? Peinlich, aber leider nur allzu oft Realität und für eine Gesprächssituation nicht gerade förderlich.
Lag es an der mangelnden Vorstellungsgabe in Ihren Zeiten als Schüler, liegt es an Ihrem hoffnungslos schlechten Namensgedächtnis? Woher kommen solche Blockaden im Gehirn? Eine Erklärung, die wir in diesem Zusammenhang sicher schon zu hören bekommen haben: „Du nimmst die Dinge, die du dir nicht vorstellen oder merken kannst, einfach nicht wichtig genug! Den Namen des Schauspielers, für den du damals geschwärmt hast, den hast du dir ja auch gemerkt!" Dieses Argument ist nicht leicht zu entkräften. Aber steckt hinter diesen Blockaden nicht mehr?

Um der Sache auf den Grund zu gehen, müssen wir uns kurz mit der Funktionsweise unseres Gehirnes auseinandersetzen: Unser Gehirn besteht aus zwei Gehirnhälften, die jeweils völlig voneinander unterschiedliche Aufgaben erfüllen.

Im folgenden eine vereinfachte Darstellung unserer beiden Gehirnhälften und ihrer Funktionen:

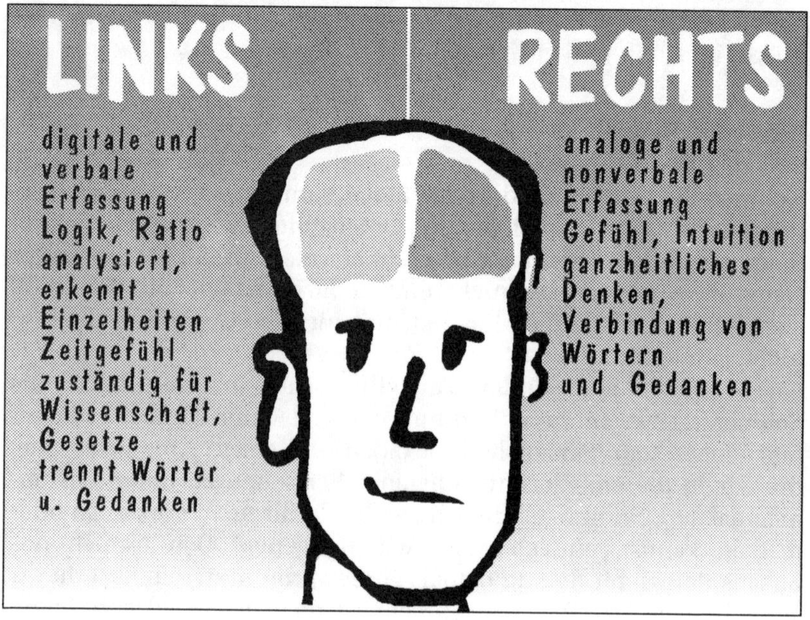

Links:
digitale und
verbale Erfassung
Logik, Ratio
analysiert, erkennt Einzelheiten
Zeitgefühl
zuständig für Wissenschaft, Gesetze
trennt Wörter und Gedanken

Rechts:
analoge und nonverbale Erfassung
Gefühl, Intuition
ganzheitliches Denken, Verbindung von Wörtern und Gedanken
zuständig für Musik, für Tanz, für Kreatives
zuständig für Raumgefühl, Gesamtbild, Überblick

Diese Arbeitsteilung unserer Gehirnhälften ist eine sinnvolle Sache: Wie in einem Unternehmen, in dem alle Abteilungen zur Erreichung des Gesamterfolges zusammenarbeiten, helfen uns unsere zwei „Gehirnabteilungen", alle an sie gestellten Aufgaben optimal zu bewältigen. Sie ermöglichen uns überhaupt erst, zu lernen, Informationen aufzunehmen und zu behalten – allerdings nur dann, wenn wir auch beide Gehirnhälften ansprechen und einsetzen.
Unsere linke Gehirnhälfte hört oder liest einen Begriff, während die rechte ein Bild dazu sucht. Haben wir nun kein entsprechendes Bild gespeichert oder bekommen wir kein passendes „mitgeliefert", wird unsere Merk- oder Aufnahmefähigkeit beeinträchtigt.
Nicht immer funktionieren beide Gehirnhälften gleich gut. Jeder Mensch ist in seinen Anlagen verschieden, er verwendet von Natur aus entweder mehr die rechte oder die mehr linke Gehirnhälfte. Im Laufe unserer Entwicklung haben wir auch beide Hälften unterschiedlich stark gefördert und trainiert. Wer zum Beispiel schon als Kleinkind wenig Zugang zu kreativen Ausdrucksmitteln hatte, dessen rechte Hälfte wurde möglicherweise weniger stark gefördert und entwickelt. So entstehen Defizite, die unsere „Denkarbeit" beeinflussen.

Fehlleistungen wie die vorher beschriebenen stammen aus solch einer mangelnden Zusammenarbeit unserer zwei „Denkhälften". Arbeiten wir nämlich mehrheitlich mit unserer linken Gehirnhälfte – was in unserer „Ratio-betonten" Gesellschaft üblich ist –, fehlen uns die Bilder zu den gehörten Begriffen, und es fällt uns schwer, uns eine einmal gehörte Sache zu merken. Ist es nicht viel einfacher, den Unterschied zwischen Ebene und Raum zu *begreifen*, als ihn nur wortreich umschrieben zu bekommen?

Werden Sie zum Bilder-Maler

Denken Sie an einen Telefonverkäufer: Er hat es ziemlich schwer, muß er doch ein Produkt anpreisen, das sein Kunde nicht sehen und angreifen kann. Welche Möglichkeiten hat er? Er kann dem Kunden alle Vorzüge und Fakten aufzählen, ihn mit Zahlen überhäufen. Irgendwann wird der Kunde müde und unterdrückt ein Gähnen. Oder er beschreibt dem Kunden die Farbe, die Form, die Ausmaße des Produktes, wie laut oder wie leise es funktioniert. Er verwendet bildhafte Vergleiche. Er schildert ihm eine Situation, in der *er* es gerade gebraucht.
Kurz gesagt: Er malt dem anderen ein mentales Bild!
Wollen Sie also die Vorstellungsblockade in Ihrem Zuhörer überwinden, werden Sie zum Bilder-Maler für bewegte, lebendige Bilder!
Diese Fähigkeit ist trainierbar. Alles, was Sie dazu tun müssen, ist, selbst solche Bilder gestochen scharf vor Ihrem geistigen Auge ent-

stehen zu lassen, sich selbst Situationen zu verbildlichen, verdeutlichen. Kombinieren Sie die digitale mit der analogen Darstellung, und unterstützen Sie damit die Merkfähigkeit und Vorstellungskraft bei sich selbst und bei Ihrem Gesprächspartner.

Allerdings wird neben dem Verbildlichen die **persönliche Beziehung** zu dem Gegenstand bzw. **das Interesse für die jeweilige Information** den Merkerfolg vergrößern. Insofern hat der Lehrer in der Schule schon recht, der seinen Schülern mangelndes Interesse vorwirft. Je interessierter wir durchs Leben gehen, desto mehr leistet auch unser Gehirn. Wenn wir bedenken, daß wir alle nur einen Bruchteil unserer Gehirnkapazität ausnützen, können wir die kleinen grauen Zellen ruhig zu etwas mehr Arbeit anspornen!
Das Interesse an einer neuen Information, an einer Person oder an einer Sache wird dadurch gefördert, daß wir **gedankliche Assoziationen** herstellen. Also Gedankenverbindungen, die mit starken Gefühlen verbunden sind. So ist es auch möglich, daß sich Menschen bis ins hohe Alter Details aus ihrer Jugend merken, obwohl sie diese Assoziationen mit eben Erlebtem nicht mehr herstellen können und es sofort vergessen.

In unseren Seminaren ist das Merken der Namen der Teilnehmer ein wichtiger Bestandteil. Uns persönlich kommt dabei diese Arbeitsweise unseres Gehirns sehr zugute: Wir konzentrieren uns in der Vorstellungsrunde eines Seminars sehr genau auf den Menschen und nehmen den Namen in Kombination mit Aussehen, Sitzplatz oder Unternehmen des Seminarteilnehmers bewußt und interessiert wahr. Mit einem weiteren Blick auf die Teilnehmerliste ist der Namen relativ lange Zeit auch nach dem Seminar noch in unserem gedanklichen Namenskarteikasten gespeichert.
Bauen Sie sich also Gedankenbrücken zu einem Namen, und vergessen Sie nicht, auch gleich mehrfach über diese Brücke zu gehen: Wir sprechen möglichst jeden Seminarteilnehmer in den ersten Gesprächen mit Namen an!

Ein weiterer Tip aus unserer Seminarpraxis zur Vermeidung peinliche Situationen im Zusammenhang mit der Namensnennung ist, daß wir uns bei unserer Arbeit angewöhnt haben, jedem Seminarteilnehmer bei der Begrüßung unsere Namen sehr deutlich zu sagen. Dies hilft den meisten über die ersten Kommunikationsbarrieren hinweg, jeder weiß, mit wem er es zu tun hat. Und jeder sagt gerne auch freiwillig seinen Namen, versteckt sich nicht in der Anonymität.

Namen lassen sich auch leichter mit Hilfe der guten alten „Eselsbrücken" merken. Ein Herr Berkhuber läßt sich leichter merken als „So wie der Huber vom Berg, nur mit K!" Stellt er sich selbst so vor, schafft er damit eine sehr persönliche akustische Visitenkarte. Er macht es den anderen leichter, sich den Namen zu merken, und verhindert so eine typische Gesprächsblockade beim nächsten Zusammentreffen.

Je mehr wir also beide Gehirnhälften aktivieren, desto eher verhindern wir Denk- und Merkblockaden. Die Verbindung von Logik und Gefühl, von Sprache und Bildern, von Details und Gesamtbild macht es erst möglich, Dinge wirklich zu *begreifen*.
Nützen wir die unendlichen Möglichkeiten unseres Gehirnes! Statt Barrieren im Kopf entstehen zu lassen, schöpfen wir lieber aus diesem Reichtum an Fähigkeiten! Unser Gehirn ist ein Wunderwerk an Vielfalt, geben wir uns nicht damit zufrieden, daß es nur „Dienst nach Vorschrift" leistet!

2.4 Was der Bauer nicht kennt

Die Angst ist eine der größten Barrieren, die wir alle in unseren Köpfen herumtragen. Die Angst hat aber auch eine sehr nützliche Funktion. Ohne sie würden wir uns viel zu oft in Gefahr begeben. Ein natürliches Maß an Angst schützt uns vor Gefahr. Aber ein Zuviel an Angst wird zum geistigen Hemmschuh.
Ein Zuviel an Angst bremst den geistigen Drang nach Neuem. Wer sich nie getraut, bekannte Wege auch nur eine Handbreit zu verlassen, geht ewig den gleichen Trampelpfad – und das auch noch im Kreis! Die Angst vor dem Neuen, Unbekannten hemmt den Fortschritt. Nur wer diese Angst überwindet, schafft einen Schritt voran.

Kolumbus im Kopf

Wir Menschen brauchen **Bewegung** in unserem Leben – vor allem auch **geistige**. Erst unser Bedürfnis nach neuen Erfahrungen läßt uns agieren und entscheiden. Jemand, der mit 30 alles, was er sich vorgenommen hat, erreicht hat, stagniert. Menschen, die nur auf Sicherheit in ihrem Leben bauen, errichten sich selbst einen Hamsterkäfig, in dem sie dann nur noch im Kreis laufen. Sie reagieren, statt selbst zu agieren.

Kluge Chefs schauen einem Bewerber für eine neue Stelle in die Augen. Sehen sie dort die Bereitschaft für geistige Beweglichkeit, rückt die fachliche Qualifikation oft in den Hintergrund. Vieles kann in gezieltem Training erworben werden, nicht jedoch die Bereitschaft, sich neuen Herausforderungen zu stellen. Ausschlaggebend ist das „Feuer in den Augen", die Lust, neue Erfahrungen zu machen, neue Wege zu gehen.

Nur wer bekannte Wege auch einmal verläßt, wer Neues wagt,

schafft Fortschritt. Hätte sich Kolumbus mit dem damaligen Weltbild zufriedengegeben, er hätte Amerika nie entdeckt.
Auch wenn wir heute über die Vorstellung, die Welt sei eine Scheibe und käme man zu nahe an den Rand dieser Scheibe, würde man hinunterfallen, nur mitleidig lächeln – wir alle haben solche und ähnliche Blockaden in unserem Denken. Nur wer es schafft, über diese geistigen Zäune hinaus zu sehen, entdeckt Neues. Es muß ja nicht immer gleich ein ganzer Kontinent sein!

Zwei Holzwürmer im Theater 2

Es war gerade Mittagspause. Die Probe war unterbrochen, und alle Menschen hatten das Theater verlassen. Auch das Orchester, das heute erstmals bei der Probe dabei war. Offensichtlich handelte es sich um ein Drama mit gelegentlicher Musikbegleitung.

Unsere beiden Holzwürmer konnten endlich wieder in Ruhe bohren. Sie hatten sich gerade ein Stuhlbein hochgefressen und waren bei einem seltsamen Gegenstand angelangt.

„Was ist das?“ fragte der Jüngere der beiden.

„Was weiß denn ich, so etwas habe ich noch nie gekostet! Laß uns weiter den Stuhl fressen“, meinte der Ältere.

„Aber das Ding ist doch ganz offensichtlich auch aus Holz, warum probieren wir es nicht einfach? Ich hab diese alten Stühle langsam satt, etwas Abwechslung auf dem Speisezettel täte gut!“

„Das ist sicher so ein seltsames Instrument, das so komische Töne von sich gibt. Da bin ich äußerst mißtrauisch. Sicher bekommt man davon bloß Blähungen! Das riecht schon so, so ausländisch!“ Angewidert schüttelte der erfahrene Holzwurm sein Haupt.

„Hast du denn keine Lust auf Abwechslung?“ fragte der andere.

„Abwechslung, pah! Was der Holzwurm nicht kennt, frißt er nicht!“

„Also, ich probier's!“ meinte der junge, unerfahrene Holzwurm und tat seinen ersten Bissen von einer dreihundertjährigen Stradivari ...

3 Signale und Barrieren im Raum

Die Grenzen zwischen sichtbaren und unsichtbaren Barrieren sind fließend. Barrieren, die sich vor uns im Raum befinden, können die inneren Barrieren in unserem Kopf verstärken, unsere Gefühlsbarrieren vergrößern. Manchmal wirken solche Barrieren im Raum jedoch auch genau gegenteilig: Wen reizt es nicht, über eine Mauer oder um die nächste Ecke zu spähen? Hindernisse, die sich unserem Blick in den Weg stellen, erwecken unsere Neugier, sie spornen uns an, unsere Anstrengungen zu verdoppeln. Nicht selten hören wir in unseren Seminaren von Leuten, die in der Kundenbetreuung tätig sind: „Egal wie hoch unser Empfangspult auch ist, die Kunden überwinden alle Hindernisse!"
Diesem Verhalten liegt eine einfache Tatsache zugrunde: Jede Barriere erweckt in uns das Gefühl, daß dahinter etwas Interessantes, Wichtiges oder Bedrohliches verborgen ist. Diese Ungewißheit ist uns unangenehm, wir wollen Gewißheit, wollen sehen, was da vor uns versteckt wird. Denn was sich vor unserem Blick verbirgt, können wir nicht einschätzen, nicht durch unseren persönlichen Filter laufen lassen. Wir wissen nicht, wie wir reagieren sollen. Droht uns Gefahr? Wird uns etwas Wertvolles vorenthalten? Diese Unsicherheit bestimmt unser Verhalten in solchen Situationen.

Wir wollen uns daher nun mit den kleinen und großen, den sichtbaren und den unsichtbaren Barrieren im Raum und mit ihren Auswirkungen auf unser Verhalten befassen. Sollte Ihnen die eine oder andere beschriebene Situation aus Ihrem privaten oder geschäftlichen Bereich bekannt vorkommen, machen Sie sich bewußt, daß Sie durch die Schaffung dieser Barrieren das Verhalten der Menschen, mit denen Sie zu tun haben, beeinflussen. Sind diese Effekte von Ihnen beabsichtigt, oder sollte doch die eine oder andere Hürde im Sinne einer besseren Kommunikation beseitigt werden?

3.1 Vor verschlossenen Türen

Gerade der erste Eindruck ist in unserer schnellebigen Zeit besonders wichtig. Die Weichen für die spätere Beziehung zweier Menschen zueinander werden blitzschnell in den ersten Augenblicken gestellt. Die ersten drei Sekunden entscheiden über Sympathie oder Abneigung, Erfolg oder Mißerfolg. Sind diese ersten Augenblicke geprägt von einer verschlossenen Tür, wird die zukünftige Beziehung nur mit Mühe erfolgreich werden!
Habe ich einen Gast zu mir nach Hause eingeladen, ist es selbstverständlich, ihn nicht vor der verschlossenen Haustüre warten zu lassen. Ich werde ihm nach Möglichkeit entgegenkommen und die Türe öffnen. So sieht ein Empfang für Freunde aus.
Im öffentlichen und geschäftlichen Bereich werden wir sehr oft ganz anders empfangen. Eine mächtige, schwer zu öffnende Tür versperrt den Zutritt. Unklare Beschriftungen erschweren das Weiterkommen. Ein unfreundlicher Portier, ein finsteres Stiegenhaus und ein Lift außer Betrieb schaffen Unmut. Der Besucher ist nicht gerade freundlich gestimmt, wenn er endlich ans Ziel kommt. Der erste Mitarbeiter, dem er begegnet, muß oft dafür büßen und wundert sich, warum heute schon der x-te Besucher so unfreundlich reagiert.

In unseren Seminaren zum Thema Kundenempfang fordern wir die Teilnehmer stets auf, gedanklich mit den Augen des Kunden, des Klienten oder Patienten den Zutritt zu ihrem jeweiligen Unternehmen zu betrachten. Geht man nämlich tagtäglich durch dieselbe Türe aus und ein, fällt einem schon lange nicht mehr auf, wie schwer sie sich eigentlich öffnen läßt. Man kennt ja den Trick, daß man die Tür erst zu sich ziehen und sich dann mit dem ganzen Gewicht dagegenlehnen muß!
Vielfach hören wir an dieser Stelle den Einwand, man sei ja nicht für die Eingangstür und den Hausflur verantwortlich. Das mag zwar formal richtig sein, nur: für den Besucher beginnt der erste Eindruck genau hier, an der Haustür! Er unterscheidet nicht nach formalen Zuständigkeiten, sondern nach seinem individuellen Gefühl des Unbehagens. In manchen Fällen befindet er sich auch noch in einer Ausnahmesituation, ist emotional angespannt, so zum Beispiel beim Arztbesuch oder auf dem Weg zum Anwalt. – Fühle ich mich schon verunsichert, weil etwas Unbekanntes, vielleicht auch Bedrohliches vor mir liegt, wiegt es doppelt schwer, wenn ich mich vergeblich bemühe, eine Tür zu öffnen.

Auch wenn die folgenden Situationen überzeichnet scheinen – vielleicht erkennen Sie doch die eine oder andere **„Zutrittshürde“** wieder:

- Die Eingangstür klemmt. Je nervöser man rüttelt, desto weniger will sie sich öffnen! Man sollte doch wieder einmal ins Fitneßstudio.
- Die Eingangstür öffnet sich nach außen, das heißt, jeder, der eintritt, muß zuerst einen Schritt zurück machen – der erste Schritt zur Flucht?
- Beim Öffnen knarrt die Tür wie im Geisterschloß, man sucht geradezu nach den Spinnweben. Sehr viele Klienten kann diese altehrwürdige Anwaltskanzlei ja nicht haben!
- Der Irrgarten der Türschilder macht es unmöglich, die richtige Klingel zu finden. Will ich jetzt zu „Dr. K. Mayer“, zu „Anwaltsbüro Dr. Mayer & Partner“, oder zu „Dr. G. Maier – Anwalt“?

- Der Summton des Türöffners ertönt, aber leider viel zu kurz, um sich rechtzeitig gegen die Tür zu werfen! – Es ist einfach peinlich, mehrmals anläuten zu müssen!
- Über die Gegensprechanlage ertönt nur ein scharfes Krächzen, ein undeutliches Murmeln oder ein unfreundliches „Jaaa?".
- „Die Türklingel befindet sich rechts, der selbst zu betätigende Türöffner links, und bitte gleichzeitig mit beiden Händen die Türklinke bedienen – ach ja, Achtung Stufe!" Und wer hält mir einstweilen Tasche und Schirm?
- Vor der Eingangstür und/oder im Stiegenhaus ist es stockdunkel, und Nichtraucher ohne hilfreiches Feuerzeug müssen auf den nächsten Morgen warten – wer geht denn schon mit einer Taschenlampe zum Steuerberater?
- Die Beschriftung auch innerhalb des Hauses ist mehr als verwirrend: Soll ich jetzt die Stufen rechts hinauf in den ersten Stock, den linken Aufzug oder den Gang links nehmen? Oder lieber gleich freiwillig in den Keller?
- In manchen modernen Bürogebäuden fühlt man sich wie in den Geheimtrakten des Pentagon: ohne Zahlencode geht gar nichts! Weder bewegt sich der Lift nach oben, noch öffnet sich die schöne Glastür zum Paradies, hinter der man schon die Empfangsdame erblickt, die leicht belustigt den Ausgang der eigenen Bemühungen zum Knacken des Codes beobachtet. „Ich hab es dir doch schon bei deinem letzten Besuch erklärt! 0815!" steht unter ihrer hochgezogenen Augenbraue zu lesen.
- Kämpft man in den neuen „Büroburgen" mit den Tücken der Technik, so sind es in den altehrwürdigen Häusern oft die mehr oder weniger deutlichen Zeichen des Verfalls, die es zu überwinden gilt. Lose Bodenfliesen, abgetretene Stiegen, unebene, rutschige Steinstufen und andere Fallen sind schon so manchem „Ortsunkundigen" zum Verhängnis geworden. Wollte man ursprünglich nur zum Augenarzt, hat nun auch der Orthopäde einen Stock tiefer einen Patienten mehr!

Egal ob Kunde, Klient, Patient oder einfach nur Besucher – diesen

ersten negativen Eindruck, den Stimmungsmacher, gilt es zu vermeiden!

3.2 Barriere Empfang

Die nächste Hürde, die sich in vielen Bereichen des öffentlichen Lebens vor uns auftut, ist der Empfang: egal ob im Finanzamt, beim Arzt, im Büro eines Geschäftspartners – immer wieder finden wir uns vor mehr oder weniger hohen Pulten wieder, wo wir erst mal unser Anliegen vortragen müssen und auf rasche Erledigung hoffen. Je offener und freundlicher dieser Bereich gestaltet ist, desto leichter fällt der Einstieg in eine gute Geschäftsbeziehung. Doch leider stehen uns gerade in diesem Bereich oft viele Hindernisse im Weg. Sehr schnell beschleicht uns das Gefühl, hier gilt das Motto: „Die Arbeit an sich wäre sehr angenehm, das einzige, was jetzt noch stört, sind die Kunden, die Klienten!“

Das Empfangspult selbst ist manchmal schon das größte Hindernis. Die Unternehmensphilosophie wird uns sofort unmißverständlich klar: „Unser Unternehmen kommt um die Tatsache nicht herum, Besucher empfangen zu müssen, aber zu nahe an uns heran lassen wir sie sicher nicht!“ Was nützen da Marmor und Messing, teure Teppiche und echte Ölgemälde, wenn doch nur alles dazu dient, den Besucher möglichst wegzuschieben?

Folgende Barrieren entdecken wir immer wieder – und nicht nur in Finanzämtern!

- Das Empfangspult ist so hoch, daß auch ein normal groß gewachsener Mensch sich auf die Zehenspitzen stellen muß, um die freundliche Dame dahinter zu entdecken.
- Statt eines offenen Pultes erwartet den Besucher ein mehr oder weniger kleines Fenster, durch das er seine Bitte vortragen muß. Manchmal ist das Schild „Anmeldung“ größer als das Fenster selbst. Wie ein Bittsteller soll er seinen Antrag durchreichen und dann möglichst rasch von der Bildfläche verschwinden!
- Eine Glaswand sperrt den lästigen Besucher gleich ganz weg. Durch winzige „Redeschlitze“ kann er sein Anliegen vortragen. Was aus Sicherheitsgründen so eingerichtet ist, zum Beispiel in einer Bank oder am Fahrkartenschalter am Bahnhof, blockiert die Kommunikation fast vollständig. Wer spricht schon gerne mit einer Wand? Auch die selbstsichersten Menschen beschleicht in so einer Situation ein Gefühl der Unsicherheit!
- Der Mitarbeiter am Empfang würdigt den Besucher keines Blickes – Nichtbeachtung ist die größte Barriere beim Gesprächseinstieg!
- Der Mitarbeiter am Empfang wendet dem Besucher seine „Knochenseite“ (siehe Kapitel 1.3) zu. Das ist die typische „Amtsposition“. Aus rein arbeitstechnischen Gründen findet man diese Anordnung aber nicht nur am Postamt: Der Beamte hat zwar alle benötigten Unterlagen vor sich, spricht aber nicht zum Besucher, sondern in die Luft! Und dem Besucher

bleibt nur, sich an die „kalte Schulter“ zu wenden – Mißverständnisse vorprogrammiert!
Um wieviel angenehmer würden wir uns fühlen, wenn der Beamte uns in unserer Rolle als Staatsbürger und Mensch wahrnehmen würde? Und: Uns ist sicher angenehmer, mit einem Menschen anstatt einem unnahbaren Beamten zu sprechen!

- Das Empfangspult hat zwar die richtige Höhe, aber Chaos und Unordnung verstellen den Blick aufs Wesentliche: Unterlagen für den Chef, die gerade eingegangene Post, eine vom Vorbesucher gelesene Zeitung und diverse „Bewirtungsreste“ müssen erst einmal auf die Seite geschoben werden, um einen Blickkontakt herzustellen.

- Eine ungenügende Beleuchtung des Empfangsbereiches sorgt beim Besucher für „Dämmerstimmung“: Bin ich zu spät dran? Machen die hier den Laden schon dicht, und haben sie schon auf Nachtbeleuchtung geschalten?

- Aber auch gleißend helles „Verhör-Licht“ läßt keine freundliche Stimmung zu: Hier wird jeder Besucher gleich einmal „durchleuchtet“, gleich wird noch ein Sicherheitsbeamter kommen und mich auf versteckte Waffen untersuchen!

Für den Empfangsbereich gilt die gleiche Empfehlung wie für den Eingangsbereich: Betrachten Sie ihn immer wieder kritisch aus dem Blickwinkel des Besuchers. Was sieht er als erstes, wenn er zu Ihnen kommt? Fällt sein Blick vielleicht gleich in den kleinen, meist unordentlichen Kopierraum? Oder lenkt ihn die Hektik im Großraumbüro hinter Ihnen ab? Erweckt vielleicht ein offener Aktenschrank mit beschrifteten Ordnern seine Neugier?

Oft ist es auch allzu große Hektik, die den Besucher abschreckt. Gerade in Arztpraxen befindet sich der Empfang meist mitten in der größten Hektikzone. Die Unsicherheit des Patienten wird dadurch nur noch verstärkt. Während er sein Anliegen vorbringt, wird er dauernd durch das Telefon, durch ungeduldige Wartende oder gestreßte Mitarbeiter unterbrochen. Die ersten „Fluchtsignale“ sind bald deutlich erkennbar: Er zieht den Kopf ein und steigt unruhig von einem Fuß auf den anderen.

Erwartet ein Besucher – wie im Falle einer Arztpraxis oder eines Bankschalters – auch noch Vertraulichkeit, wirkt eine Nichtbeachtung dieses Bedürfnisses ebenfalls als Kommunikationsbarriere. Steht der nächste „Bittsteller" schon ungeduldig dahinter oder muß er seine Bitte laut und für alle im Raum hörbar vortragen – siehe das Beispiel mit der Glaswand –, ist von Vertraulichkeit keine Spur. Wer möchte schon der ganzen Welt mitteilen, daß er an einer seltenen Hautkrankheit leidet oder den fälligen Kredit verlängert haben möchte?

Beachten Sie die Bedürfnisse Ihrer Besucher – behandeln Sie sie wie Gäste! Geben Sie ihnen das Gefühl, willkommen zu sein. Ein positiver erster Eindruck läßt Mißverständnisse und Barrieren erst gar nicht aufkommen. Sie ersparen sich viele unnütze Anstrengungen und schaffen so ein positives Umfeld für eine erfolgreiche Beziehung!

3.3 Möbel als bewußte oder unbewußte Barriere

Möbel sind ein Ausdruck der Individualität. Wie wir unseren Lebens- und Arbeitsbereich gestalten, sagt viel über unsere Persönlichkeit aus.
Was denken Sie über „durchgestylte" Büros, die zwar jeder Architekturzeitschrift alle Ehre machen würden, aber nichts über den eigentlichen Benützer aussagen, ja, in denen der Benützer fast wie ein Fremdkörper wirkt? Der Raum, in dem wir leben und arbeiten, sollte auch unsere persönliche Handschrift tragen. Viel wichtiger, als seine Besucher zu beeindrucken, ist es jedoch, sich in den eigenen vier Wänden wohl zu fühlen. Die Wirkung, die ein Raum und seine Ausgestaltung auf unser Verhalten und unser Wohlbefinden haben, wird vielfach immer noch unterschätzt.
Doch wie in allen unseren modernen Lebensbereichen fehlt es auch hier nicht an neuen (neuen?) Trends: Vor einigen Jahren hätte noch jeder bei „Feng Shui" an ein asiatisches Reisgericht gedacht. Heute ist es „in", seinen persönlichen „Feng Shui"-Berater mit der Ausgestaltung von Büro und Wohnung zu beauftragen. Kaum eine private Bibliothek, in der nicht mindestens ein Fachbuch über diese fernöstliche Wohnphilosophie zu finden ist. Dabei sind diese Erkenntnisse alles andere als neu: seit Jahrtausenden basiert die chinesische Bau- und Wohnkultur auf diesen „Gesetzen", auch die berühmte chinesische Mauer wurde nach Feng-Shui-Kriterien errichtet. Und in vielen anderen alten Kulturen finden sich erstaunliche Erkenntnisse, die sich mit dem Zusammenhang von Bauen, Wohnen und Leben im Einklang mit der Natur, den Energieströmen und den menschlichen Bedürfnissen befassen. In unserer westlich-zivilisierten Welt haben wir uns von diesen überlieferten Grundsätzen weit entfernt. Kriterien wie Rentabilität, technische Machbarkeit und Mode bestimmen die Ausgestaltung der Räume, in denen wir wohnen und arbeiten. Und so müssen wir eben mühsam altes Wissen wieder entdecken.

Doch so einfach ist die Sache nicht: eine andere, oft sehr konträre Wohnphilosophie läßt sich nicht so mir nichts dir nichts nach der Lektüre eines Buches umsetzen. Viele meinen, das bloße Anbringen von typischen Feng-Shui-Hilfsmitteln wie Klangspiel oder Delphinen würde schon reichen, aus einem kühlen Glaspalast einen Wohlfühlraum zu machen. Verfehlt das Detail seine Wirkung, weil alle anderen Gegebenheiten im Raum ungünstig sind, wird gleich die gesamte Idee der neuen Wohnphilosophie verworfen – „Ist ja doch wieder nur so eine Modeerscheinung!"

Wir wollen hier den schon reichlich vorhandenen Feng-Shui-Ratgebern keinen weiteren hinzufügen. Uns geht es einfach darum, sich bewußter mit unserer Umgebung auseinanderzusetzen und sie so zu gestalten, daß sie optimal zu uns paßt, unsere Persönlichkeit widerspiegelt, in der wir uns wohl fühlen und unsere Energien frei entfalten können. Wir beschränken uns daher im folgenden auf einige Tips, wie Sie typische Barrieren im Raum, und da vor allem in Ihrem Arbeitsraum, abbauen können. Wir erheben damit keinerlei Anspruch auf eine umfassende Beratung zum Thema „Wohn- und Arbeitsplatzgestaltung"!

Ihr Schreibtisch

Die wichtigsten Möbel in einem Büro sind der Schreibtisch und die Stühle. Der Schreibtisch ist das „Schlachtfeld" Ihrer täglichen Arbeit, er beeinflußt Ihre Arbeitsweise und Kreativität entscheidend.
Eine unharmonische Grundform mag zwar in ihrem Design extravagant wirken, ist aber eine mögliche Barriere für ungestörtes Arbeiten. Wir Menschen sind eben einfach mit klaren Grundformen vertrauter. Zu scharfe Kanten und Ecken, an denen wir täglich mehrmals vorbeigehen müssen, bremsen unsere Energie, spießen sie geradezu auf. Sollten solche Kanten auch noch schadhaft sein und ruinieren Sie sich daran auch noch Ihre Kleidung, ist die Negativwirkung sehr deutlich. Oft sind Kanten und Ecken in Büroräumen schuld daran, daß wir unbewußt Umwege gehen und damit ein Mehr an Energie aufwenden, um den Barrieren auszuweichen.

Unordnung am Schreibtisch ist ebenfalls eine Barriere, sowohl für den, der dort arbeitet – er wird ständig abgelenkt, da sein Blick auf Unerledigtes fällt –, als auch für einen Besucher, den die Unordnung verwirrt und der zu Recht auf eine chaotische Arbeitsweise des anderen schließt.

Schreibtische oder Besprechungstische mit Glasplatten werden meist als störend empfunden. Der ungetrübte (Ein-)Blick auf unsere Füße macht uns unsicher. Wir wissen ja intuitiv, daß uns unsere Füße körpersprachlich „verraten", unsere Gefühle preisgeben. Wer schon einmal eine Besprechung an einem Glastisch geführt hat, wird sich an das leichte Unbehagen erinnern. Irgendwie schwebt auch die Arbeit auf so einer Glasplatte „in der Luft", hat keine Bodenhaftung, keinen soliden Untergrund.

Die Anordnung der „Arbeitsgeräte" kann ebenfalls erfolgreiches Arbeiten behindern. Unsere Arbeitsweise ist grundsätzlich so angelegt, daß wir von rechts nach links arbeiten. Müssen wir täglich viele Handgriffe in die entgegengesetzte Richtung machen, überwinden wir jedesmal einen unmerklichen Widerstand, wir arbeiten gegen unsere Arbeitsrichtung. **Analysieren Sie zu Ihrem persönlichen Vorteil einmal Ihre Arbeitsabläufe nach diesen Gesichtspunkten.**

„Nehmen Sie Platz!"

Unbequeme Sitzmöbel sind ein häufig anzutreffendes Übel in vielen Büros und öffentlichen Räumen. Egal ob harte, viel zu kleine Stühle beim Zahnarzt, die extrem niedrigen Besucherstühle beim Chef (vgl. auch 6.3) oder die knarrenden Stühle im eigenen Büro – sie alle lassen in uns das Bedürfnis nach Flucht entstehen. Wer so unbequem sitzt, wird sich schwer tun, ein konstruktives Gespräch zu führen. **Achten Sie daher auf bequeme Stühle:** die Sitzfläche sollte ausreichend groß, nicht zu „kantig" bzw. nicht durchgesessen und die Sitzhöhe ausreichend sein. Zu niedrige Stühle vermitteln nicht nur das Gefühl der Kleinheit, sie bewirken auch einen unterbrochenen Energiefluß, da die Beine zu stark abgeknickt werden. Ist der Stuhl zu hoch, verlieren kleinere Personen leicht die „Bodenhaftung" – ebenfalls ein Hindernis fürs Wohlbefinden. Aber auch Sitzgelegenheiten, die es „zu gut meinen", sind ungeeignet: Wer im Stuhl versinkt, hat das Gefühl, nicht mehr so leicht aus dieser Position herauszukommen. Er fühlt sich festgenagelt. Besonders ältere Menschen schätzen dieses Gefühl nicht sehr. Man muß schon einigermaßen sportlich sein, um aus solchen „Liegestühlen" halbwegs elegant aufstehen zu können.

Unbequeme Stühle können beispielsweise auch einen Konferenz- oder Seminarraum zu Folterkammer werden lassen und erfolgreiches Arbeiten behindern.

Vollgeräumte, unordentliche Räume möchte man am liebsten erst gar nicht betreten. Energie und Kreativität brauchen Platz, um sich entfalten zu können. Steht an jedem nur möglichen Platz ein Möbelstück, wird diese Energie gebremst. **Lassen Sie sich und Ihren Mitarbeitern und Besuchern Luft zum Atmen** – auch wenn Sie ein noch so stolzer Besitzer zahlreicher Antiquitäten oder Designerstücke sind.

Gänge sind ein häufiges Problem in Bürogebäuden. Sie sind oft zu eng, um nebeneinander zu gehen, und so tänzelt die Sekretärin vor dem Besucher her, sich immer wieder umwendend, um den Kontakt nicht abreißen zu lassen. Man will ja den Armen nicht abführen wie im Gefängnis! **Gestalten Sie gerade solche Gänge möglichst freundlich und hell, mit positiven, angenehmen Bildern und eventuell mit Spiegeln, die den Raum optisch erweitern.**

Lichtschranken

Einen wichtigen Faktor stellt die richtige Beleuchtung dar. Falsches und vor allem auch ungenügendes Licht bildet Barrieren im Raum. Düstere Gänge und Raumecken nehmen uns die Sicherheit. **Achten Sie daher in Ihrem Arbeitsumfeld auf Helligkeit, auf warmes Licht.** Kaltes Neonlicht vermittelt die Wohnlichkeit einer Bahnhofshalle. Lichtquellen, die einen Besucher direkt anstrahlen, schaffen eine Verhör-Atmosphäre! Besser wirkt da indirektes Licht. Ideal wirkt auch die Schaffung von „Lichtinseln"; so läßt sich beispielsweise ein sehr großer Raum optisch in überschaubare Einheiten zerteilen. Besonders im Zutrittsbereich ist ausreichende Beleuchtung wichtig. Licht schafft Weite, Sicherheit. So haben wir erst kürzlich im Rahmen einer Kanzleibeobachtung empfohlen, einen relativ dunklen Empfangsraum durch Änderung der Zugangstüre in eine Glastüre optisch zu erhellen und zu vergrößern. Als Sicherheitsaspekt wurde das Logo der Anwaltskanzlei ins Glas geätzt, was im Sinne der Corporate Identity einen zusätzlichen positiven Marketingfaktor darstellte. Der Zugang wurde damit insgesamt freundlich, offen und einladend gestaltet.

Auch im Arbeitsbereich ist der richtige Lichteinfall entscheidend. Arbeitsplätze mit frontaler Sonneneinstrahlung sind ungeeignet. Die Lichtquelle hinter dem Bildschirm stellt nämlich eine große Belastung für die Augen dar. Besser ist die Anordnung des Bildschirms parallel zur Lichtquelle. Bei seitlichem Lichteinfall sollte man sich nicht selbst „im Licht stehen". Die Arbeitsfläche sollte optimal ausgeleuchtet sein, ohne störende Reflexionen und unruhige Schattenspiele.

Raumbarrieren für einen Redner

Jeder Redner, der vor mehreren Menschen vorträgt, kennt das Problem: Da ist zunächst eine unsichtbare Distanz zum Publikum, ein Abgrund, den es zu überwinden gilt. Die Zuhörer warten zu Beginn ab, es liegt am Redner, zu ihnen „rüberzukommen". Und das sollte möglichst rasch passieren, denn der erste Eindruck ist hier besonders wichtig.
Neben den rhetorischen und inhaltlichen Qualitäten des Vortrages sind in so einer Situation auch die äußeren Rahmenbedingungen mit entscheidend. Der Vortragsraum sollte weder zu groß noch zu klein sein. Lücken in den Stuhlreihen erwecken den Anschein von mangelndem Interesse. Sind die ersten Reihen leer, und dahinter drängt sich das Publikum, wird der zu überwindende Abgrund noch größer. Wer sich in so einer Situation hinter einem Vortragstisch oder einem Rednerpult „verschanzt", wird die Distanz kaum überwinden. **Gehen Sie daher in so einer ungünstigen Rednersituation bewußt auf Ihr Publikum zu.**

Warum setzen sich die meisten Zuhörer so ungern in die erste Reihe? Hilft es da, wenn man sein Publikum auffordert, die vorderen Reihen aufzufüllen? Unserer Erfahrung nach ist so ein Vorgehen gefährlich: Habe ich mir einen Platz im Auditorium gewählt, möchte ich ungern zwangsweise versetzt werden. Das ruft Assoziationen zur Schulzeit hervor. Außerdem wirkt ein Vortragender, der zu nahe an sein Publikum heranrückt, bedrohlich. Denken Sie an die im ersten Kapitel erwähnten Distanzzonen: Ein Vortragender gehört unserem Empfinden nach in die „öffentliche Distanz“ von über zwei Metern von uns entfernt. Wird also ein Zuhörer zunächst zwangsversetzt und dann auch noch „bedrängt“, empfindet er den Redner als schulmeisterlich, von oben herab. Der Redner muß schon ziemlich professionell und fachlich gut sein, um diesen ersten Negativeindruck wieder auszubügeln.

Vortragstische und mediale Hilfsmittel können ebenfalls eine Barriere bilden: Der Zuhörer sieht nur einen Teil des Redners, wichtige Informationen, die seine Körpersprache liefert, werden ihm vorenthalten. Das schafft Unsicherheit, Mißtrauen. Oft steht auch noch ein anderes „Hilfsmittel“ im Weg, wie zum Beispiel der Overhead-Projektor. Als negativ empfindet der Betrachter auch Getränke oder gar Speisen, wie man es bei Vorträgen oder Pressekonferenzen oft sieht. Hat der Zuhörer vielleicht auch gerade selbst Hunger oder Durst, wird ihm nicht nur die Sicht auf den oder die Redner verstellt, er wird durch sein unbefriedigtes Grundbedürfnis auch noch zusätzlich abgelenkt.

Wie sieht die ideale Bestuhlung in einem Vortragsraum aus?

Der Erfolg oder Mißerfolg einer Präsentation, eines Vortrages oder eines Seminares hängt entscheidend auch von der Anordnung der Sitze ab. Je nach Größe des zu erwartenden Publikums, je nach Thema und Inhalt, gilt es, bewußt die bestgeeignete Form zu finden.

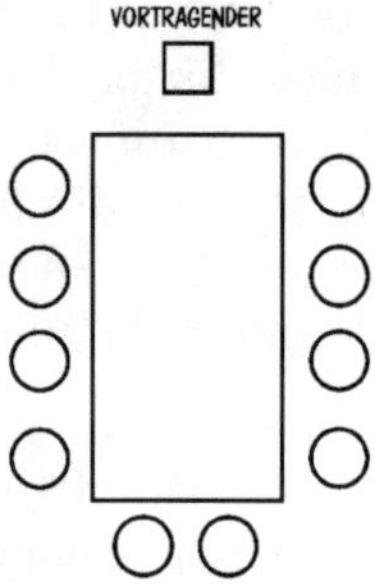

Die **geschlossene U-Form** oder Konferenzform ist für Präsentationen zu empfehlen, bei denen es auch um gemeinsame Beschlüsse geht, bei denen interne Diskussionen zu erwarten sind.

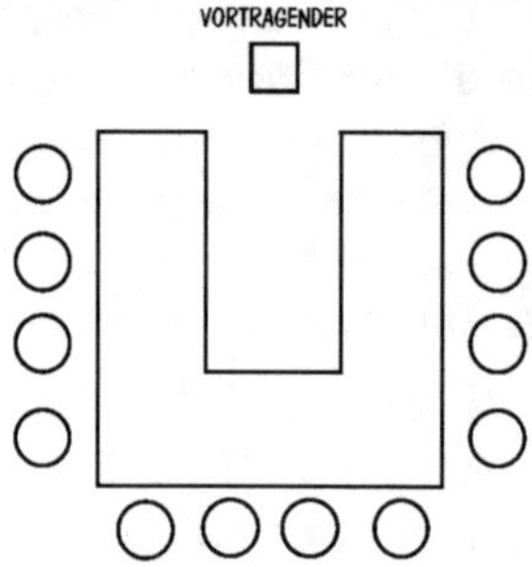

Die **offene U-Form** ist vor allem für solche Veranstaltungen günstig, bei denen Vortragender und Teilnehmer zueinander in eine Interaktion treten. Der Zuhörer wird mit einbezogen, er ist Teil der Veranstaltung, niemand wird ausgeschlossen, alle Teilnehmer sind gleichwertig.

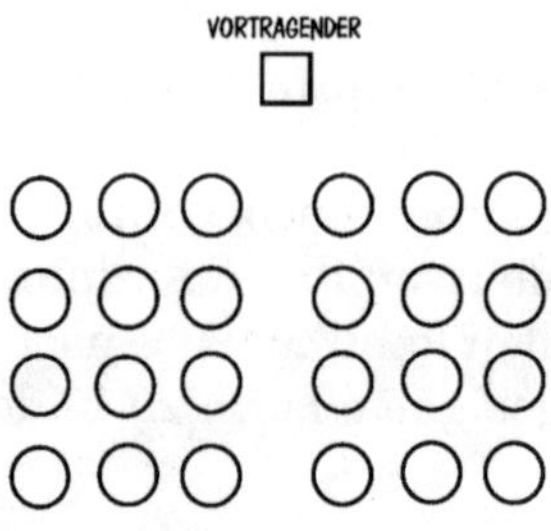

Die **Kino- oder Vortragsform** wird bei einer großen Anzahl von Teilnehmern gewählt, die passiv in ihrer Zuhörerrolle verharren. Es handelt sich hier um eine Form der Einweg-Kommunikation, Diskussionen sind nicht zu erwarten, höchstens ein Frage-Antwort-Teil am Schluß.

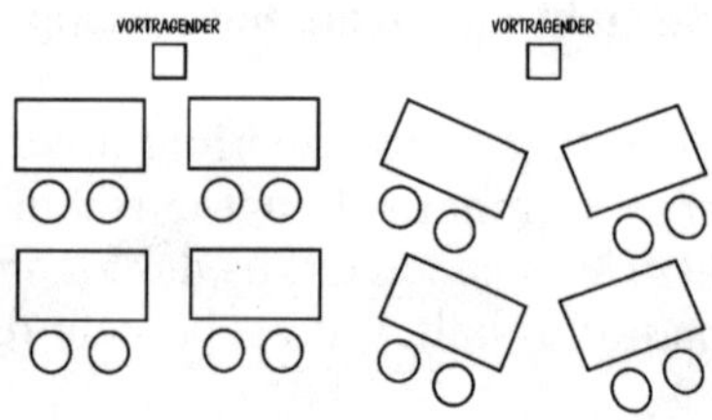

Die **Schulklassen-Form** mit gerader Tischstellung oder Fischgrät-Anordnung (schräge Tischstellung) unterbindet ebenfalls weitgehend die Interaktion, bietet jedoch Gelegenheit zur Mitschrift und gegebenenfalls zu einer Kleingruppenarbeit. Für darüber hinausgehende Kommunikation zwischen den Teilnehmern ist die Barriere „Sitzordnung" zu groß.

Überprüfen Sie auch die Größe der Leinwand für Overhead-Projektor oder LC-Display. Eine zu kleine Schrift, Unschärfe, mangelnde Lichtstärke und Verunreinigungen beeinträchtigen die Aufnahmebereitschaft und lenken den Betrachter vom Inhalt ab.

Viele kleine Details in einem Raum können eine ungeahnt große Wirkung erzielen. Wir müssen nicht erst einen weisen Großmeister fernöstlicher Wohnphilosophie zu Rate ziehen. Wenn wir uns mit offenen Augen auf die Suche machen, können wir viele Hindernisse im Raum selbst entdecken und oft mit wenigen Mitteln beseitigen. Es wäre doch gelacht, wenn wir auf diese Weise nicht wenigstens das „Brett vorm Kopf" entfernen würden!

3.4 Sitzordnung als Waffe

Je weniger einsame Entscheidungen in einem Unternehmen getroffen werden, desto mehr Meetings werden abgehalten. Man gibt sich teamorientiert, alles wird in mehr oder weniger großen Gremien diskutiert und beschlossen. Viele Führungskräfte und deren Mitarbeiter verbringen den Großteil ihrer Arbeitszeit in Sitzungszimmern. „Management by Meeting“ ist ein weitverbreiteter Führungsstil, über dessen Sinnhaftigkeit wir hier nicht urteilen wollen. Es ist einfach eine Tatsache, daß Manager immer öfter an Verhandlungstischen sitzen und ihre Kompetenz vielfach über ihr Verhalten in Meetings definiert wird. Wer es versteht, sich in solchen Zusammenkünften ins rechte Licht zu rücken, wessen Ideen und Argumente ankommen, der hat beruflich die Nase vorne. Die tollste Arbeit im stillen Kämmerlein ist oft nicht genug, wir müssen sie auch „verkaufen“. Und das gelingt natürlich nur vor und mit anderen.

Neben guten inhaltlichen Argumenten und einer überzeugenden Rhetorik sind dazu auch andere Hilfsmittel notwendig. Ein wesentliches Hilfsmittel ist die richtige Position am Verhandlungstisch. Denn *wie* zwei oder mehrere Personen zueinander sitzen, entscheidet mit über Erfolg oder Mißerfolg des Gesprächs. An jedem Tisch gibt es Positionen der Stärke und eher ungünstige Positionen. Wie diese Positionen verteilt sind, hängt von verschiedenen Faktoren ab:

- von der Form des Tisches: rund, eckig, langgezogen, geschwungen
- von der Anordnung der Fenster und Türen
- von der Anzahl der am Gespräch teilnehmenden Personen
- von der Position des Chefs
- vom sozialen Gefüge der Teilnehmer
- von der „Aufteilung des Schlachtfeldes Tisch“

Vielfach ist es auch die Macht der Gewohnheit, die uns einen bestimmten Platz wählen läßt. Dort, wo wir das letzte Mal gesessen sind, dort tendieren wir automatisch hin. Doch was sagen die einzelnen, oft nur intuitiv gewählten Positionen über uns aus? Welche Auswirkung hat unser Sitzplatz beispielsweise auf unseren Verhandlungserfolg?

Der runde Tisch hat keine Ecken

Viele Chefs folgen auch heute noch dem Vorbild des legendären Königs Artus: Sie wollen ihren Mitarbeitern deutlich machen, daß für sie jede Meinung gleich zählt, daß jeder in ihrem Umfeld gleich geachtet wird. Sie sind Verfechter des kooperativen Führungsstils, für sie gilt der Satz: „Im Team sind wir stark!“ Und deswegen wählen sie einen runden Besprechungstisch. An einem runden Tisch sind doch alle Positionen gleich – oder?

Ganz so ist es in der Realität jedoch nicht: Auch ein runder Tisch hat Ecken! Es gibt auch an einem runden Tisch bessere und schlechtere Positionen, Plätze der Stärke und Plätze der Schwäche.

Kooperativer Führungsstil hin oder her, die stärkste Position hat doch meistens der Chef. Dort, wo er sitzt, ist das Machtzentrum, der „Kopf“ des Tisches. Je weiter weg vom Chef, desto schwächer die Position. Doch auch der Platz gleich neben dem Chef hat seine

Besonderheiten. Ausschlaggebend ist, ob er sich rechts oder links vom Chef befindet. Betrachten Sie einmal Filmszenen oder Werbespots, die an einem Verhandlungstisch spielen: Wer liefert meist die besten Argumente? Wohin wendet sich der Chef hilfesuchend, wenn ihm selbst die Argumente ausgehen? Wem schüttelt am Ende der Chef persönlich die Hand, nachdem die Verhandlung positiv verlaufen ist? Es ist immer seine „rechte Hand“, der Mitarbeiter zu seiner Rechten.
Rechts vom Chef sitzt also der wichtigste Berater, der engste Mitarbeiter und manchmal auch der „heimliche“ Chef. Das muß nicht unbedingt der hierarchische Stellvertreter sein – Unternehmenspositionen sind meist nicht ident mit Machtpositionen! **Lassen Sie daher bei einer Verhandlung nie den Mann zur Rechten des Chefs oder des gegnerischen Verhandlungsführers aus den Augen.** Bei ihm liegt sehr oft die Entscheidung über Erfolg oder Mißerfolg eines Gesprächs!

Links vom Chef sitzt oft der tüchtige „Faktenlieferant“. Er hat alle Unterlagen zur Hand, auf ihn kann man in Situationen zurückgreifen, wo es um Vorbereitetes, nicht ganz so Entscheidendes geht. Er liefert den Nachschub, das Material, die solide Basis. Für schnelle, wirkungsvolle Attacken und Überraschungsangriffe ist er nicht der geeignete Mann. Er hat dafür aber mehr Zeit zum Zuhören und Beobachten, er ist daher im nachhinein oft der bestinformierte Mann.

Setzt sich jedoch ein Mitarbeiter genau gegenüber vom Chef, bedeutet dies eindeutig Konfrontation. Werden Sie bei einer Verhandlung in die Vis-à-vis-Position gesetzt, wissen Sie schon vorweg, daß die Sache nicht leicht wird. Die Fronten sind klar abgesteckt, es wird durchaus auch scharf geschossen. Bringen Sie also Ihre Geschütze in Stellung, und vernachlässigen Sie dabei die Deckung nicht. Die Annahme, ein runder Tisch vermittle immer Offenheit und freundschaftlichen Umgang miteinander, ist damit eindeutig widerlegt!

Gesprächsteilnehmer, die sich zwischen den beiden „Fronten“ befinden, sind die „Neutralen“. Sie haben oft nur Beobachterstatus, von ihnen werden intuitiv keine allzu scharfen Argumente erwartet. Schießen jedoch auch diese „Späher“ scharf, ist höchste Vorsicht geboten: Die Front ist ungewöhnlich breit, ein Rückzugsgefecht kündigt sich an!

Der eckige Tisch als „Schlachtfeld“

An einem rechteckigen Tisch scheinen die Dinge einfacher zu liegen: An der Kopfseite sitzt der Chef, rechts um die Ecke seine rechte Hand, links der „zweite“ Mitarbeiter, an der Längsseite die „Beobachter“ und „Neutralen“ und am anderen Kopfende der Gegner, eventuell mit seinem „rechten“ und „linken“ Mitarbeiter.
Aber nicht immer ist so ein Tisch auch vollbesetzt und sind alle Rollen so eindeutig verteilt. Was passiert, wenn zwei Menschen zu einem leeren Tisch kommen und sich zu einer Besprechung setzen

wollen? Welche Faktoren bestimmen ihre Platzwahl? **Im folgenden einige Tips für Ihre vorteilhafte Platzwahl:**

1) Die Distanz-Sitzordnung

Setzen sich die beiden Gesprächspartner demonstrativ jeder an eine Kopfseite, stehen die Zeichen auf Sturm. An einem konstruktiven Gespräch sind wohl beide nicht so ganz interessiert. Es geht um einen reinen Machtkampf, jeder möchte den Gegner möglichst weit von sich wegschieben und sich selbst nicht in die Karten blicken lassen. Die größtmögliche Entfernung bedeutet auch eine größtmögliche Barriere für ein erfolgreiches Gespräch. Wahrscheinlich sind die Fronten derart verhärtet, daß kein Ergebnis zu erwarten ist. Es geht auch weniger um Sieg und Niederlage, vielmehr um die Verteidigung der eigenen Position.

2) Die Konfrontations-Sitzordnung

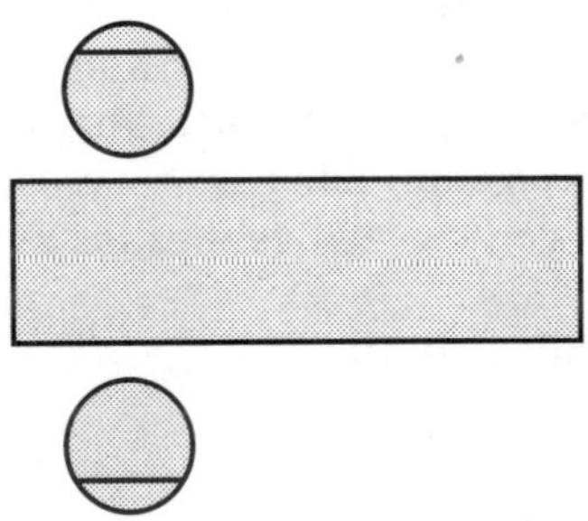

Setzen sich beide an das gleiche Tischende vis-à-vis, ist die Konfrontation zwar auch zu erwarten, allerdings geht es dabei um die Auseinandersetzung in der Sache, um einen Machtkampf, bei dem man die Nähe nicht scheut. Jeder möchte den Tisch als Sieger verlassen. Mehr oder weniger subtil wird dieser Machtkampf betrieben werden: eine wichtige Waffe ist dabei die Körpersprache. Der Augenkontakt – frei nach dem Kinderspiel „Wer schaut zuerst weg?“ – ist dabei ein beliebtes Mittel. Wer sich vorbeugt, greift an. Wer sich dagegen zurücklehnt, zieht sich zumindest vorübergehend von der Front zurück. Er verschränkt die Arme, nickt vielleicht mit dem schiefgelegten Kopf und signalisiert damit: „Ich denke über deinen Vorschlag nach, also los, liefere mir Argumente und verschieße dabei ruhig dein Pulver!“ Heimlich sammelt er dabei vielleicht wieder neue Kräfte, überlegt, wo er seinen nächsten Angriff plazieren könnte. Seine „Kompromißbereitschaft“ trügt. Er macht nach dem letzten Argument des Gegners eine kurze, unheilschwangere Pause. Dann lehnt er sich vor und startet mit dem trügerischen Anflug eines Lächelns seinerseits den nächsten Angriff. So wogt das Kampfgeschehen hin und her, bis einer von beiden zu weiteren Waffen greift. (Die dem Gegner zugestreckte Fußspitze, die wie ein drohender Dolch auf und ab wippt, ist zwar durch die Tischplatte nicht sichtbar, der andere spürt jedoch unbewußt diese Drohung).

Eine weitere Waffe ist das Ausbreiten von Unterlagen am Tisch. Je weiter der eine mit seinen Papieren, seinen Akten, Schreibgeräten und sonstigen Utensilien in das Terrain des anderen vordringt, desto mehr fühlt sich dieser bedroht (vgl. dazu auch 4.4). Er wird seinerseits versuchen, dem anderen „Einblick“ in seine Unterlagen zu geben – nur des besseren Verständnisses wegen, klar doch! So wogt nun auch auf der Tischfläche der Kampf hin und her. Rückt einer geräuschvoll mit dem Stuhl nach vor, knallt vielleicht auch noch eine neue Unterlage auf den Tisch, ist es meist auch mit den freundlichen Worten vorbei. Jetzt geht es bis zum bitteren Ende!

3) Die konstruktive Sitzordnung

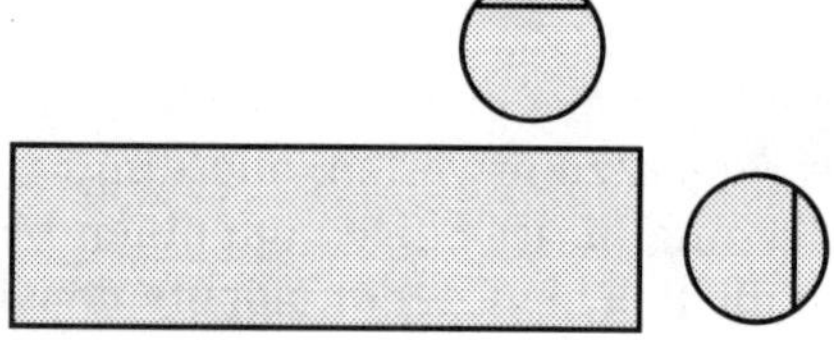

Sitzen die beiden Gesprächspartner so um die Ecke, ist die Situation wesentlich entspannter. Beide meiden die direkte „Aug-in-Aug-Konfrontation“. Keiner fühlt sich vom anderen bedrängt, in die Enge getrieben. Jeder hat während des Gespräches auch die Möglichkeit, den Blick abschweifen zu lassen, beide starren sich nicht unentwegt an. Die Sache rückt so eher in den Mittelpunkt als die gegenseitige Konfrontation. Man kann sich dem anderen trotzdem bewußt offen zuwenden, aber die zum Wohlfühlen nötige Distanz bleibt gewahrt. Beginnt jedoch einer der beiden das Machtspiel mit den Unterlagen am Tisch, wird die Gesprächssituation härter. Das gleiche passiert, wenn beide die Füße unter dem Tisch ausstrecken und trotz Zusammenstoß nicht bereit sind, auch nur einen Zentimeter zurückzuweichen. Hier beginnt wieder die Macht der versteckten Signale zu wirken!

4) Die Schulter-an-Schulter-Sitzordnung

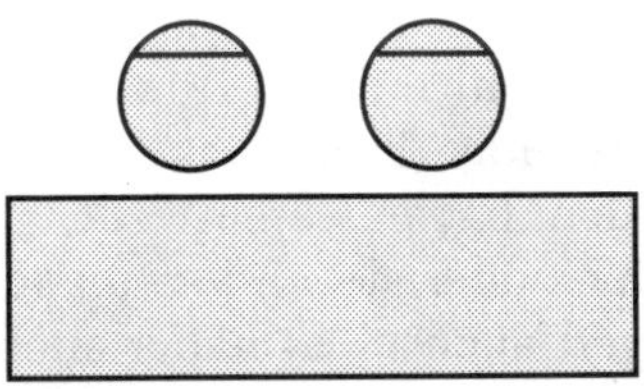

Setzt sich ein Gesprächspartner in die Mitte der Längsseite, hat der andere nicht viele Wahlmöglichkeiten, wenn er keine offene Konfrontation sucht. (Der Platz gegenüber wäre somit ungünstig.) Um die Ecke kann er sich hier auch kaum setzen, der allzu große Abstand würde eine eindeutige Barriere darstellen. Also bleibt ihm nichts anderes über, als sich auf die dieselbe Seite wie der Gesprächspartner zu setzen. Sollten sich beide grundsätzlich einig sein und nur mehr einzelne Details abklären, ist diese Position auch kein Problem, man kann gut gemeinsam in Unterlagen schauen, gewissermaßen gemeinsam in eine Richtung blicken. Sind aber noch Unklarheiten vorhanden oder ist der Gesprächspartner noch nicht so genau einzuschätzen, fühlt man sich in dieser Position weniger wohl. Nur wenn ich mich vom Tisch wegdrehe, kann ich dem anderen ins Gesicht schauen. Ich muß mich dabei von meinen

Unterlagen, die mir Vertrautheit geben, abwenden. Außerdem ist mein Körper „ungeschützt“, die Sicherheit der Tischplatte fehlt. Die zu große Nähe wirkt hier als Barriere.

5) Die Desinteresse-Sitzordnung

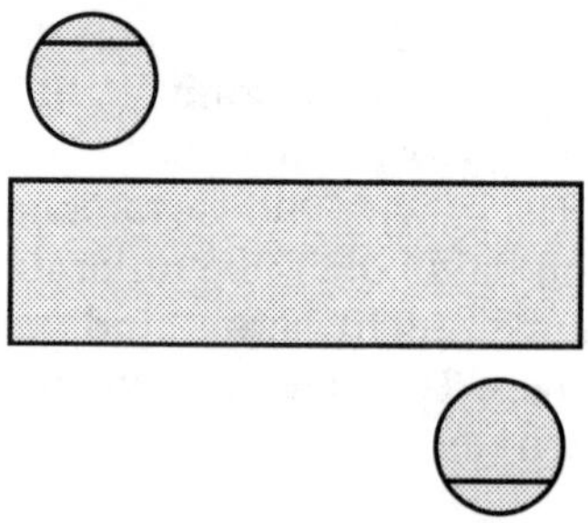

Sitzen sich zwei Gesprächspartner so gegenüber, ist es fast schon unmöglich, überhaupt ins Gespräch zu kommen. Das mangelnde Interesse aneinander ist augenfällig. Sind die beiden zufällig die ersten Teilnehmer an einer Besprechung, bei der noch mehrere andere erwartet werden, haben sie entweder überhaupt kein Interesse an einem Gespräch oder sie sind so unsicher, daß sie sich aus mangelndem Selbstvertrauen nicht näher aneinander herantrauen. Diese Position kann noch verstärkt werden, indem beide demonstrativ in ihren Unterlagen blättern oder sich noch leicht wegdrehen. Die Barriere ist unüberwindlich wie die Eiger-Nordwand!

5a) Die Frontenbrecher-Sitzordnung

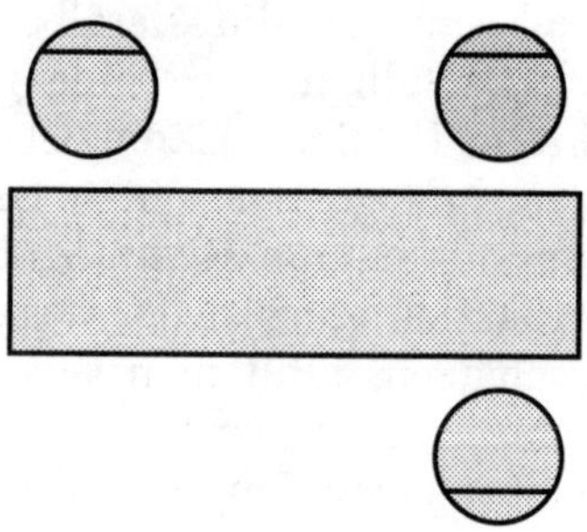

Die Situation im Zweiergespräch kann sich plötzlich ändern, wenn eine dritte Person dazustößt. Setzt sich zum Beispiel ein Dritter in dem obigen Beispiel gegenüber von einem der beiden, durchbricht er damit die Front des Desinteresses. Mit wem er auch ein Gespräch beginnt, der andere wird ebenfalls Interesse bekunden und an dem Gespräch teilnehmen.

6) Die Beobachter-Sitzordnung

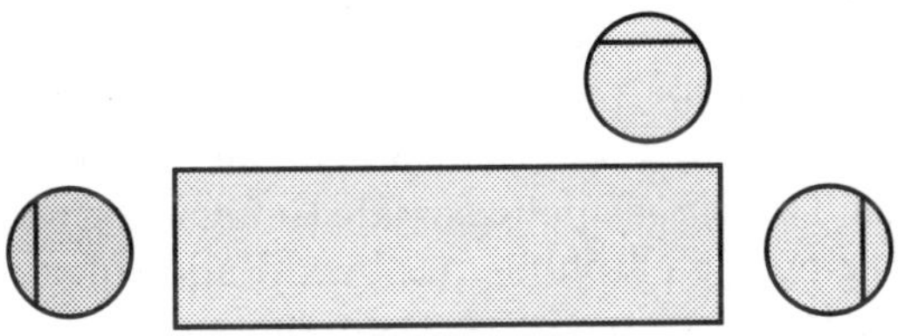

Setzt sich zu einem „offenen Gespräch ums Eck“ ein Dritter an die Gegenüberseite des Tisches, signalisiert er damit deutlich, daß er nicht direkt am Gespräch teilnehmen will. Er fühlt sich eher nur als Beobachter. Trotzdem kann er durch diese Distanz, die bei den beiden andern Unsicherheit erzeugt, die Harmonie stören.

7) Die „Gemeinsamer Feind“-Sitzordnung

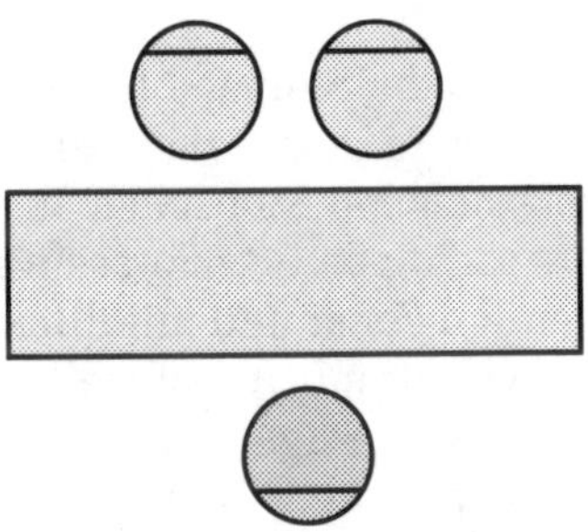

Setzt sich ein Dritter in dieser Situation gegenüber, kann sich die Unsicherheit der beiden andern schlagartig ändern: die Person vis-à-vis ist der „ideale neue Feind“, der sich einer Front der Einheit gegenübersieht. Aber wo hätte sich der Arme denn schon hinsetzen sollen? Die Position rechts oder links an der Kopfseite hätte Distanz bedeutet, ein Gespräch wäre so auch nicht einfach verlaufen.

Wie schon erwähnt, setzen sich viele Menschen, wenn sie öfter an ein und demselben Tisch tagen, immer wieder auf denselben Stuhl. Wir sind eben „Gewohnheitstiere". Auf einem einmal erprobten Sitz fühlen wir uns sicher, wir wissen, was uns erwartet. Ebenso wissen wir schon, wer wo von uns aus gesehen sitzt – auch das schafft Sicherheit. Die Rollen sind verteilt, jeder kennt seinen Part (siehe auch 4.4).
Kommt nun ein neuer Teilnehmer dazu, setzt er sich mit hoher Wahrscheinlichkeit unabsichtlich auf einen Stuhl, der eigentlich „vergeben" ist. Das eingespielte soziale Gefüge ist gestört. Der Neue wird als Eindringling empfunden, obwohl alle sonst recht gut mit ihm zurechtkommen. Und er versteht gar nicht, warum seit dem letzten Meeting die Kommunikation gestört ist.
Was hätte der neue Mitarbeiter dagegen tun können? Bei seiner ersten Meeting-Teilnahme hätte er das Problem direkt ansprechen sollen. Durch das Bewußtmachen der Situation werden die unsichtbaren, unausgesprochenen Regeln aufgehoben, das soziale Gefüge bildet sich ohne größere Störungen neu.

Fenster und Türen als Einflußfaktoren

Schon unsere Vorfahren in der Steinzeit haben es erkannt: Wir Menschen fühlen uns in einem Raum mit dem Rücken zur Wand einfach wohler. Damals haben sich die Menschen in Höhlen zurückgezogen, und die Frage des richtigen Sitzplatzes war rasch gelöst. Möglichst nahe am wärmenden Feuer und mit Blick zum Eingang, damit man etwaige Gefahren von draußen rechtzeitig erkennen konnte.
Dieses Grundbedürfnis ist uns geblieben. **Auch wir fühlen uns instinktiv wohler, wenn wir die Tür in unserem Blickfeld haben.** Wenn wir nicht sofort sehen, daß die Tür aufgeht und wer da hereinkommt, schafft das Unsicherheit. Der Platz mit dem Rücken zur Tür ist daher der ungünstigste. Sehr häufig werden gerade die Besucher auf diesen Platz gesetzt, egal ob am Schreibtisch oder am Verhandlungstisch. Wen wundert es dann, wenn ein potentieller Kun-

de zögert, den Millionenauftrag gleich zu unterschreiben? Wollen Sie, daß sich jemand bei Ihnen wohl fühlt, bieten Sie ihm daher nie den Platz vor der Tür an!

Leider sind unsere Besprechungszimmer nicht mehr ganz so einfach konstruiert wie die Höhlen unserer Vorfahren. Denn im Unterschied zu diesen haben viele moderne Räume mehr als eine Tür. Und je mehr Türen, desto mehr „ungünstige“ Plätze gibt es. Wer zum Beispiel genau zwischen zwei Türen sitzt, ohne eine der beiden im Blickfeld zu haben, fühlt sich wie im Durchhaus, und das mit verbundenen Augen!

Auch die Fenster haben einen Einfluß auf die „Qualität“ eines Platzes. Sitzt man genau gegenüber von einem Fenster, kann man zwar die schöne Aussicht genießen, doch das lenkt möglicherweise vom Thema ab, und es strengt das Auge sehr an, will man sich auf sein (menschliches) Vis-à-vis konzentrieren. Denn sitzt der andere genau im Gegenlicht, können wir zwar seine Umrisse deutlich erkennen, aber die Feinheiten seiner Gesichtszüge, die uns viel verraten, bleiben im Dunklen. Das schafft Unsicherheit und lenkt uns zusätzlich ab.

Sollten Sie jetzt gerade festgestellt haben, daß sämtliche Besprechungszimmer in Ihrem Unternehmen völlig ungeeignet sind, weil kein einziger Platz wirklich „günstig“ ist, haben Sie die Wahl: Entweder Sie halten in Zukunft alle Besprechungen im Restaurant ab, oder Sie ändern mit einigen wenigen Mitteln die Situation: Vorhänge oder Jalousien an den Fenstern entschärfen das „Gegenlicht“, ein Umstellen des Tisches schafft oft ebenfalls günstigere Sitzplätze. Sind wirklich alle Türen notwendig? Oder läßt sich vielleicht die eine oder andere „stillegen“? Versuchen Sie es, wir haben nach Schulungen schon einige Besprechungsräume umgestellt, und das meist mit sehr einfachen Mitteln!

Es ist also nicht belanglos, wo wir uns bei einer Besprechung hinsetzen. Die Positionen werden meist unbewußt bezogen. Und sehr oft haben wir auch gar keine Wahl. Manche „Profiverhandler“ nützen diese Positionskämpfe sehr bewußt zu ihrem Vorteil aus. Versuchen Sie, solche Machtspiele rechtzeitig zu durchschauen und zu durchbrechen. **Wählen Sie Ihren Sitzplatz in einer Verhandlung**

nach Möglichkeit bewußt aus. Bleibt Ihnen nur mehr der „Arme-Sünder-Stuhl", dann nehmen Sie diesen Nachteil wenigstens bewußt wahr. So fällt es leichter, negative Reize wegzustecken. Und sollten Sie zu denen gehören, die die Sitzordnung bisher oder künftig als Waffe einsetzen, dann passen Sie auf, daß diese Machtspiele Sie nicht zu sehr vom Wesentlichen ablenken. Denn die taktisch richtige Sitzordnung ist kein Rezept für erfolgreiche Besprechungen, sondern eben nur ein „Hilfsmittel"!

3.5 Die „gutgemeinten" Barrieren

Barrieren entstehen oft wider besseres Wissen. Eine Dekoration oder ein edles Designerstück sollen den Büroraum schmücken und ihm ein wenig von seiner Sachlichkeit nehmen. Das ist zwar ein schöner Vorsatz, nur leider wird oft genau das zum Hindernis für den Besucher: Kann er über das wunderschöne Blumengesteck am Empfangspult hinweg die Empfangsdame nicht mehr sehen, ist das schöne Stück zur Kommunikationsbarriere geworden.

Gerade hinter solchen Blumen-Barrieren auf Empfangstischen steckt jedoch nicht immer nur gute Absicht: Oft hören wir zum Beispiel in Arztpraxen: „Seit wir diese Pflanze da stehen haben, trauen sich die Patienten viel weniger zu mir. Und wenn sie trotzdem lästig werden, schiebe ich einfach den Topf noch weiter in die Mitte – das wirkt immer!" Sie können sich unsere Antwort darauf sicher vorstellen ...

Ziergegenstände haben auch noch die zusätzliche Tücke, daß sie nicht selten als Staubfänger dienen. Man geht täglich hunderte Male daran vorbei und nimmt sie nicht mehr bewußt wahr. Weder die Staubschicht auf der Wachsobst-Schüssel noch die verdorrten Blätter der Pflanze werden registriert. Doch der Besucher, der auf seinen Termin bei Ihnen wartet, hat Zeit und ist wachsam genug, all diese Details genau zu studieren. Aber auch wenn er sie nicht bewußt wahrnimmt, können sie doch sein Bild von Ihrem Unternehmen mit beeinflussen.

Bilder

Moderne Unternehmer und Manager geben sich gerne kunstsinnig – sie wollen ihre Vielseitigkeit unter Beweis stellen, und vermeintliche Beweise von gutem Geschmack dienen als Statussymbol. Bilder haben eine sehr starke Wirkung, sie ziehen die Blicke auf sich.
Alte niederländische Meister sind jedoch auch für Topmanager meist nicht erschwinglich. Es ist daher viel üblicher, sich mit moderner Kunst zu schmücken, die Offenheit, Fortschrittlichkeit und Zeitgeist zeigen soll.
Doch sehr oft wird dabei vergessen, wie ein Bild auf den Betrachter wirkt. Ein Bild erzeugt immer auch eine Stimmung. Hinterfragen Sie einmal kritisch, welche Stimmung die Bilder in Ihrem Büro erzeugen. Vor kurzem konnten wir im Wartezimmer eines plastischen Chirurgen die Wirkung eines Bildes auf die Patienten beobachten. Das Ölgemälde stellte ein völlig verzerrtes Gesicht dar, mit roten Kratzern im Gesicht, „schief hängenden“ Augen und einer mehr als krummen Nase. Die Aussage des Künstlers mag durchaus wichtig sein, aber die Wirkung bei den vorwiegend weiblichen Patienten war offensichtliche Verunsicherung – werde ich wohl nach meiner Schönheitsoperation auch so aussehen?

Bilder mit negativen, deprimierenden Inhalten sind im Arbeitsumfeld nicht optimal. Geht man in eine Galerie, stellt man sich bewußt auf die Bilder ein, ist bereit, sich auch mit schwierigeren Inhalten auseinanderzusetzen. Geht es jedoch um einen geschäftlichen Anlaß, sollten Bildinhalte nicht zusätzlich belasten. Oder haben Sie gerne einen Kunden vor sich sitzen, der gerade durch ein tristes Bild an seine unglückliche Kindheit erinnert wurde?

Bedenken Sie bitte auch, daß Sie mit den Bildern, die hinter Ihrem Schreibtisch an der Wand hängen, identifiziert werden. Nicht selten hängen ja gerade dort Urkunden oder Zeugnisse, die Ihnen besondere Fähigkeiten und Abschlüsse bescheinigen. Ganz zu recht – es ist der passende Rahmen zu Ihrer Person. Aber paßt die abstrakte Darstellung eines alten, grimmigen Greises auch zu Ihnen? Legen Sie besonderes Augenmerk auf die Auswahl der Bilder im Blickfeld Ihrer Besucher. Meist sind es genau diese Bilder, die Sie selbst gar nicht wahrnehmen, um so mehr aber Ihre Gesprächspartner. Bilder mit sehr starkem Aussagewert können einen Gesprächspartner ablenken und eine Barriere bilden.

Ein anderer Störfaktor im Zusammenhang mit Bildern ist die häufige Tatsache, daß ein Bild schief hängt. Die meisten Menschen haben das Bedürfnis nach Ordnung und Kontrolle. Diesem Bedürfnis widerspricht ein schiefhängendes Bild, und wir entwickeln den unbedingten Drang, es wieder geradezuhängen. Solche Kleinigkeiten können besonders stark von einem Gespräch ablenken.

Pflanzen

Grünpflanzen haben erwiesenermaßen eine positive Wirkung auf den Menschen. Sie symbolisieren Leben, Wachstum und Entwicklung. Die grüne Farbe verstärkt diese optimistische, beruhigende Wirkung. Und die Luftverbesserung ist ebenfalls nachgewiesen. Sie sind somit ein ideales Mittel, um Büroräume wohnlich und positiv zu gestalten. Dies gilt allerdings nur für gesunde Pflanzen. Eine verdorrte, kurz vor dem endgültigen Absterben stehende Pflanze hat die gegenteilige Wirkung. Rieseln vom großen Zimmerbaum gelbe Blätter auf den Boden, liegen Herbst, Krankheit und Tod in der Luft. **Schaffen Sie daher nur so viele Pflanzen ins Büro, wie Sie auch versorgen können – pflegeleichte Gewächse sind zu bevorzugen.** Ihr Chef ist sicher auch nicht glücklich, wenn er plötzlich einen Gärtner im Büro sitzen hat.

Pflanzen mit spitzen Blättern bilden nach fernöstlichem Wohngefühl negative Energie und stören somit die Kommunikation. Wer einen Kaktus auf den Besprechungstisch stellt, kann diesen Effekt auch in westlichen Konferenzzimmern nachvollziehen.

3.6 Barriere durch Farbe

Wir leben in einer Zeit, in der wir unglaublich viele Farbentscheidung treffen. Viele bewußt, manche unbewußt. Täglich „tanken“ wir Farbe. Rund 40 Prozent aller Informationen werden durch Farbe vermittelt. Der menschliche Sehsinn hat zur Hauptaufgabe, uns durch sichere Orientierung und optimales Erkennen das Überleben zu gewährleisten. Das Farbensehen ist allerdings nur wenigen Lebewesen möglich. Übrigens: Der Stier ist farbenblind …
Der im Menschen emotional gesteuerte Wunsch lautet: mit Farbe etwas zu bewirken, zu signalisieren, Stimmung zu erzeugen, zu warnen oder zu tarnen.

Farbe ist eine emotionale Sprache – Farbe ist nonverbale Kommunikation

Die Möglichkeiten sind alltäglich und vielfältig: So vermittelt beispielsweise das *türkise* Duschgel morgens schon Ozeanfrische, das *rote* Handtuch machte erst richtig wach.

Sind die *grünen* Schuhe zu grell für den Kundentermin?

Welche Krawatte wird bei der heutigen so wichtigen Besprechung die Sache auf den Punkt bringen?

Warum diese Entscheidungen?
Mit ganz und gar *schwarzer* Kleidung hat der Mensch beispielsweise keinerlei Möglichkeit, sich körperlich zu beleben und für seine Umwelt Signale zu setzen. Heute trägt man *Schwarz* aus ähnlichen Motiven wie zur Zeit des Existenzialismus: aus Lust am Coolen, am Abgrenzen, am Unbunten. Man trägt *Schwarz* aber auch als Ausgleich für die schrill-bunte Umwelt oder schlicht, um Form zu zeigen. Denn wenn man auf Farbe verzichtet, wird die Form deutlicher.

Der Mensch braucht ausgewogene „bunte Nahrung“ für den Körper, den Geist und die Seele. Die neutralen Farben, wie beispielsweise *Beige* und *Grau*, werden benötigt, um nicht aufzufallen oder einfach nur Ruhe zu erzeugen. Immerhin ist die heutige Welt stark reizüberflutet. Die Powerfarben bieten die Chance, so richtig „dick auftragen zu können“. Das zarte Gefühl sehnt sich nach sanften Farben wie *Pastellrosa* oder *Himmelblau*. Die Fahrt ins *Grüne* bringt Erholung.

Auch im Sprachgebrauch haben sich viele dieser symbolträchtigen *Farbencodes* eingebürgert: Der *Blaue* Montag, die *Rosarote* Brille, der *Rote* Faden usw.

Im Gegensatz zur Farbenvielfalt steht die Farbenmonotonie. Auch diese hat bei zweckmäßigem Einsatz Vorteile. Ein Beispiel: **Je verschiedenfarbiger ein Text unterlegt ist, desto schwieriger ist er zu lesen, desto unwichtiger erscheint die Information.** Probieren Sie es einfach aus!

Überwindung von störenden Barrieren am Arbeitsplatz mittels Farbe

Schon der Weg zum Arbeitsplatz bewußt wahrgenommen, ist eine Reise durch das Farbenmeer. *Grün* beflügelt unseren Schritt über die Kreuzung zur *roten* U-Bahnlinie, ein Display informiert uns durch bunte Wertungsskalen schnell noch über die Temperatur (*blau*), den Ozonwert (*rot*) und die Menge des Stickstoffs (*gelb*) in der Luft. So geleitet finden wir zu unserem Arbeitsplatz – Geruch, Licht, Farbe und damit Stimmung empfangen uns auch hier.

Machen wir einmal „Licht“. Im Licht werden viele Hindernisse überhaupt erst sichtbar. Im Licht können wir Farben sehen. Der Farbton des künstlichen Lichtes ist wichtig, denn er hat Einfluß auf die Farbe. Die unterschiedliche Wirkung von Farbe sollte gezielt eingesetzt werden.

Fragen wir uns: Hilft uns Farbe bei einem Arbeitsvorgang, hemmt sie, leitet sie, regt sie an oder lenkt sie ab?

Zwei Beispiele: Der wichtige Kundenakt, dummerweise versteckt unter vielen anderen, ist schneller „ausgegraben“, wenn er *rot* „hervorleuchtet“. Die wichtigen Stellen eines Vortrages durch verschiedenfarbige Marker zu kennzeichnen hilft dem Vortragenden, Wesentliches nicht ungesagt zu lassen.

1. Motto: Farbe kann eingesetzt werden, um zu ordnen – nicht zu verwirren

Eine *sonnengelbe* Arbeitsunterlage fördert Konzentration am Arbeitsplatz.
So wie das richtige Licht einen „wach“halten kann, schafft das richtige *Gelb* im Raum eine gute Arbeitsstimmung.

2. Motto: Farbe fördert Konzentration, anstatt abzulenken

In einem ausschließlich in *Blau* gehaltenen Büroraum wird jedem Menschen auf Dauer zu kühl. Eine Kombination mit einer anregend warmen Farbe, z. B. *Orange*, bringt das „Klima“ in einen wohltuenden Ausgleich.

3. Motto: Farbe kann ein dauerhaft angenehmes Klima schaffen, statt nur kurz Leistung zu steigern

Warum machen Blumen Freude? Das *Rosa* der Rose, das *Gelb* der Sonnenblume ist nicht nur in Besprechungen ein beliebter Blickfang. Das Bißchen Farbe schafft „viel Ärger vom Tisch“, denn mit den Farben einer blühenden Pflanze wird jedes Herz erfreut, und jeder Besucher fühlt sich willkommen.

4. Motto: Farbe erfreut den Besucher, statt ihn zu schocken

Bei einer wichtigen Mitteilung, die rasch erfaßt und verarbeitet werden soll, ist die verwendete Farbenkombination besonders wichtig. Ein Text wird in der Ferne am besten *Schwarz* auf *Gelb* erkannt, *Schwarz* auf *weißem* Grund hat die beste Nahwirkung. Ein farbiges Symbol kann zusätzlich verdeutlichen und ist als Bild auch erwiesenermaßen eine Gedächtnisstütze, denken wir an ein Firmenlogo.

5. Motto: Farbe kann Informationen verdeutlichen, statt diese zu verstecken

Ein gutes Leitsystem in einem Unternehmen ist bunt. Die einheitliche Farbgebung der unterschiedlichen Bereiche ist ebenso wichtig und notwendig wie deren logische räumliche Anordnung. Damit ist eine rasche Orientierung der Kunden und der Mitarbeiter gewährleistet. Das elegante *Weinrot* auf der Etage der Geschäftsleitung prägt sich zum Beispiel nachhaltig ein.

6. Motto: Farbe kann leiten, statt zu täuschen

Beruhigende Farben wie z. B. *Grün* oder *Blau* helfen, einen „kühlen" Kopf zu bewahren. Und den brauchen wir täglich, öfter als uns lieb ist. Gerade in Konfliktsituationen kann die richtig gewählte Farbe der Kleidung für einen positiven Ausgang des Gesprächs mitverantwortlich sein. Das „rote Tuch" von vis-à-vis im sympathischen *Blau* wird plötzlich zum Gesprächspartner. Auch ein wichtiger Gerichtstermin verlangt eine passende Anzugsfarbe. Und das Gespräch um Gehaltserhöhung wird im *tomatenroten* Kostüm nicht erfolgreich verlaufen.

7. Motto: Farbe kann Konflikte kanalisieren, statt sie ausufern zu lassen

Bei unerwünschten räumlichen Barrieren wirkt Farbe wahre Wunder. Die Aufzählung der folgenden Beispiele zeigt dies sehr deutlich:

- Ein Empfangspult in *Gelb* und *Schwarz* gestaltet, wirkt wie ein Signal „Achtung, wildes Tier"! Dasselbe Pult in einem mittleren Naturholz-Ton wird jedoch einladend wirken. Mit einem türkisen Anstrich wird es sich im Raum geradezu auflösen.

- Ein Schranken wird durch eine *orange* Beleuchtung gut sichtbar, aber nicht erschreckend wirken.
- Eine notwendigerweise geschlossene Türe wird durch *hellblaue* Farbgebung freundlich erscheinen.
- Ein niedriger Raum wirkt durch eine *dunkelbraun* gestrichene Decke noch bedrückender. Durch Aufhellen der Deckenfarbe in ein getöntes *Weiß* wird die Höhle zum hellen, freien Raum.
- Das enge Vorzimmer wird durch eine weitende Farbe wie *Lichtblau* größer wirken. Ein langer schmaler Gang scheint durch eine bunte Stirnfläche breiter, ein zu hoher ungemütlicher Raum kann durch eine intensive, dünklere Deckenfarbe optisch proportionierter anmuten.
- Ein nordseitig gelegener Raum wird durch warme Farben richtiggehend „beheizt“.
- Wo zuviel Sonne, zu große Glaswände, geballte EDV, drei *rote* Telefone etc. unangenehme Hitze erzeugen, kann mit Farbe Beruhigung erreicht werden.
- Sogar zuviel Lärm wird mit Farbe „gedämmt“ erträglicher.

8. Motto: Farbe kann unerwünschte räumliche Barrieren mildern, statt sie zu betonen

Jeder Mensch hat ein „Naturgedächtnis“: das helle Licht und die Weite des Himmels sind über uns. Die dunklen Farben der Erde, Steine, Felsen, Sand und das Grün der Wiesen sind unter unseren Füßen. Übertragen wir diese Raumbegrifflichkeit des Naturgedächtnisses auf das Wohnen, wird die dunklere Fläche unter den Füßen und die hellere um uns oder über uns Identität mit der Natur schaffen. Stellen wir einmal probeweise unser Naturgedächtnis auf den Kopf: Räume, deren Decken in dunklen Farben gestrichen sind, empfinden wir als bedrückend. Helle, sich öffnende Farben für Decken sind uns angenehm. Wie die Böden der Natur sind uns auch

Fußböden mit leicht rauhen und weichen Oberflächenstrukturen nicht naturfremd. Auf sehr hellen, hochglänzenden Bodenflächen hingegen bewegen wir uns vorsichtig, denn auch in der Natur gibt es keine glatten, polierten Flächen. Die menschlichen Füße habe ja auch keine Saugnäpfe!
Davon abgeleitet ist die richtige Farbwahl für den Boden, auf dem wir uns bewegen, äußerst wichtig. Durch die Farbgebung des Bodens kann ein Raum erhaben, elegant, größer, kleiner, trittsicher, tief etc. wirken. Also sollte man schon bei der Wahl eines gelben Teppichbodens daran denken, daß man sich in diesem Raum unsicher bewegen wird. Ein Wüstenbewohner hätte mit einem gelblichen Boden wiederum weniger Probleme ...

Abgrenzung mittels Farbe

Farbe als Zeichen für Stop

Denken wir nur an die vielen Zeichen zur Regelung des Straßenverkehrs: das *Rot* der Ampel, der Zebrastreifen, die Markierung auf der Fahrbahn, die farbigen Symbole der Verkehrsschilder (nicht umsonst ist auch die Stoptafel *rot*).

Farbe als Mittel für Ordnung statt Chaos

Ein bekanntes Beispiel für Farbanwendung als Mittel für Ordnung ist die Bodenmarkierung bei Schaltern in Banken oder Ämtern. Hier wird versucht, den unangenehmen Effekt des „Über-die-Schulter-Schauens“ bei Erledigung eines Bankgeschäftes durch *gelbe* Fußabdrücke, *weiße* Streifen oder *grüne* Punkte am dunklen Boden zu verhindern. Statt durch oft körperlich störende Barrieren, wie platzraubende und beengende Pulte, Zäune und „Hecken“ in großen rechteckigen Töpfen, wird das Warten durch Farbflächen am Boden „sanft, aber eindeutig“ geordnet.

Farbe als Mittel für Orientierung – der „rote Faden“

Auf einem Bahnhof gibt es für Blinde haptische Hilfsmittel zur Orientierung. Der Belag eines Bahnsteiges wird durch einen aufgerauhten Teil erkenntlich gemacht. Dieser Streifen ist auch für alle

Sehtüchtigen als veränderte farbige Fläche durch veränderten Lichteinfall sichtbar. Zusätzlich helfen farbige Linien auch an der Wand. Ein Teppich (Läufer), ein bestimmter Bodenbelag oder ein verändertes Muster, farbige Symbole wie Pfeile oder die Bodenbeschriftung können die Orientierung erleichtern, den Weg steuern, die Gehlinie des Kunden vorgeben oder die Fahrt stoppen. Die Farbe des Bodens kann auch bewußt dazu eingesetzt werden, den Schritt zu beschleunigen oder zu verlangsamen. So liegt etwa der rote Teppich in der Oper nicht im Pausenraum, sondern im Entrée und in den Gängen.

4 Unsichtbare Barrieren

4.1 Die „Raumschwingungen"

Das Raumklima wird nicht nur von Luftqualität, Einrichtung, Licht und Pflanzen bestimmt. Es gibt noch ein anderes Klima, eines, das wir nicht riechen, sehen oder schmecken können. Doch es beeinflußt unser Verhalten sehr entscheidend. Es kann uns dazu veranlassen, den Raum sofort wieder zu verlassen oder den unwiderstehlichen Drang zu verspüren, uns gemütlich niederzulassen.
Wie entsteht dieses Klima? Es wird von den Gefühlen, die durch den Raum schweben, gebildet. Die Urheber sind daher in diesem Fall keine Möbelstücke, sondern Menschen. Ihre positiven oder negativen Einstellungen und Ausstrahlungen bilden als „Klimafaktoren" die Raumschwingungen.

Das plötzlich verstummende Gespräch

Kennen Sie folgende Situation?
Sie sind neu in der Firma und betreten an einem Ihrer ersten Arbeitstage den Pausenraum. Schon vom Gang aus haben Sie eifriges Stimmengewirr und lautes Gelächter vernommen. Doch kaum treten Sie ein, verstummt die Geräuschkulisse – nur mehr das Surren der Kaffeemaschine ist zu hören. Alle Blicke richten sich auf Sie, bis einer verlegen lächelt und Sie begrüßt. Ein anderer rückt zur Seite, um für Sie Platz zu machen …

Was geht dabei in Ihnen vor?
„Die haben sicher gerade über mich geredet! Und gelacht haben sie auch! Nach so wenigen Tagen bin ich schon zur Witznummer geworden. Die lehnen mich total ab, wie soll ich da arbeiten können? Am liebsten würde ich morgen gar nicht mehr kommen, in dieses Team wachse ich nie hinein!“

Zugegeben, diese Situation ist sehr unangenehm. Verstummt ein Gespräch beim Eintreten einer Person, liegt die Vermutung nahe, daß sich das vorangegangene Gespräch um genau diese Person gedreht hat. Die Spannung liegt geradezu in der Luft. Nichts verunsichert uns mehr als das plötzliche Verstummen der Kommunikation bei unserem Erscheinen.

Doch gehen wir noch einmal zu unserem Ausgangsbeispiel zurück: Wie empfinden die anderen, die „Alteingesessenen“, die Situation? Da kommt ein Neuer ins Team, und keiner kennt ihn. Keiner weiß, ob der Neue loyal zu seinen Kollegen ist, ob er Dinge auch einmal für sich behalten kann oder ob er alles Gehörte irgendwann einmal zu seinem eigenen Vorteil einsetzen wird. Die „Alten“ sind also genauso mißtrauisch gegen den „Neuen“ wie umgekehrt. Es ist daher nicht verwunderlich, wenn das Gespräch bei seinem Erscheinen verstummt – auch wenn der Inhalt gar nicht ihn betroffen hat! Interpretieren wir diese Situation nun sofort zu unserem Nachteil, verstärkt sich unser Mißtrauen und auch unsere Unsicherheit. Wir reagieren dementsprechend und liefern den anderen damit erst recht Gründe, uns zu mißtrauen. Die Negativspirale ist wieder in Funktion!

Wie aber reagieren wir auf diese „Raumschwingungen“?

In der Situation des Neuen sollten wir einfach die Situation nicht überbewerten und das „natürliche Mißtrauen“ der anderen einfach akzeptieren. Es bringt wenig, sofort ein klärendes Gespräch einzufordern – das würde nur Probleme aufwerfen, die vielleicht noch gar nicht da sind. Übergehen Sie so eine Situation einfach mit einem freundlichen Lächeln, bedanken Sie sich für das „Platzmachen“ des einen Kollegen, und signalisieren Sie Offenheit und Freundlichkeit. Vertrauen und Zugehörigkeitsgefühl will eben erst einmal erworben werden.
Anders ist die Lage, wenn sich die gleiche Situation – vielleicht sogar mehrmals – in einem „alten“ Team abspielt. Meist passiert so etwas im Rahmen von Mobbing, also von bewußtem Hinausdrängen eines Mitarbeiters. In so einem Fall spüren wir als betroffene Mitarbeiter die negativen Antipathie-Wellen wie Pfeile auf uns eindringen. Diese Form der „Kommunikations-Verweigerung“ wird als bewußte Waffe im Kampf gegen einen „Gegner“ eingesetzt. Hier hilft nur ein klärendes Gespräch, in dem man auch feststellen sollte, ob diese negativen „Raumschwingungen“ überhaupt noch aus der Luft geschafft werden können. Denn auf Dauer läßt es sich in so einem Klima nicht existieren und schon gar nicht effizient arbeiten.

Die Atmosphäre, die in einem Raum herrscht, wird also entscheidend von der Stimmung der Menschen geprägt, die sich in dem Raum befinden. Paßt die gerade vorherrschende Stimmung nicht zu der unsrigen, fühlen wir uns unwohl. Auch ein Raum voller fröhlicher, feiernder Menschen kann eine Barriere sein, wenn wir nicht in der gleichen Stimmung sind. Sie können sich nun entweder weiter „verbarrikadieren“ oder sich von der Fröhlichkeit ringsum einfach mitreißen lassen – was unserer Meinung nach entschieden die bessere Lösung ist!

4.2 Der Ton macht die Musik

Musik beeinflußt unbestritten die Psyche. Mit Musik läßt sich therapieren, Musik kann uns in eine andere Welt entführen. Musik ist ganz einfach ein Bestandteil unserer Kultur, eine untrennbar mit

dem Menschen verbundene Ausdrucksform. Ohne Musik wäre ein Leben unvorstellbar. Was wir jedoch schön und wohlklingend finden, hängt von unserem subjektiven Empfinden ab. Unser Gehör ist ein äußerst sensibles Organ. Das Ohr ist beispielsweise das erste Organ, das beim Menschen im Mutterleib entsteht. Wir können also schon hören, lange bevor wir sprechen und tasten lernen.
Im Mutterleib reagiert das ungeborene Kind bereits auf Geräusche von außen: in erster Linie auf die Stimme der Mutter. Diese Töne sind dem Neugeborenen sofort vertraut, unter all den fremden Eindrücken nach der Geburt ist es die Stimme der Mutter, die es wahrnimmt. Das erste „Urvertrauen“ entsteht so durch das Hören. Aber auch andere Laute, wie etwa Musik, kann das Ungeborene hören und reagiert auch darauf. Deshalb wird Schwangeren das Hören von klassischer Musik empfohlen, nicht nur zur eigenen Beruhigung.

Das Ohr ist aber nicht nur zum Wahrnehmen von Tönen notwendig, es ist auch unser Gleichgewichtsorgan.
Das Hören beeinflußt also unser Leben sehr entscheidend.
Es leitet akustische Reize zum Gehirn weiter. Je nach wahrgenommenen Frequenzen beeinflußt es auch unser Sprechen. Frequenzen, die wir nicht hören können, verwenden wir auch nicht in unserer Stimme. Und jeder Mensch hört anders: Frequenzbereiche, die für den einen noch wahrnehmbar sind, kann ein anderer nicht mehr registrieren. Deswegen empfinden Menschen auch Geräusche oder Musikstücke oft völlig unterschiedlich. Was für den einen ein toller Sound ist, empfindet der andere als unerträglichen Lärm.
Musik – und ist es auch die subjektiv wunderbarste der Welt – kann zu einer großen Barriere werden:

- Hören wir in einem Warteraum beim Arzt Musik, die in uns negative Assoziationen hervorruft, fühlen wir uns dort nicht wohl.

- Hören wir in allen Warenhäusern kurz vor Weihnachten dieselbe „stimmungsvolle“ Weihnachtsmusik, regt uns das meist nicht mehr besonders zum Kaufen an.

- Steht vor unserem Bürofenster ein Straßenmusikant, der stundenlang die gleiche Musik spielt, werden wir bei aller Virtuosität geneigt sein, ihm faule Tomaten an den Kopf zu werfen.

- Rufen wir zur normalen Geschäftszeit in einem Büro an und vernehmen im Hintergrund laute Radiomusik, fällt es uns schwer, an den Arbeitseifer der dort Beschäftigten zu glauben.

Die Empfindung von Musik ist also auch sehr stark von der Situation abhängig. **Zu laute Musik oder zu oft wiederholte Musik erzeugt Abwehr. Achten Sie also darauf, daß Musik in Ihrem Büro nicht zur Barriere wird.**

Aber nicht nur Musik kann zur Barriere werden. Eine Sprache, die wir nicht verstehen, wird zum reinen Klangerlebnis, ohne Kommunikation zu erzeugen. Störgeräusche in der Telefonleitung können ein gutes Gespräch jäh unterbrechen. Baulärm vor dem Fenster stört nicht nur die Konzentration, sondern oft auch die Kommunikation. Unsere Welt ist voll von lauten Geräuschen, von Lärm in allen Ausprägungsformen. Der Zusammenhang vom Lärm und Aggression ist ein weites Forschungsfeld für Psychologen.
Ohne hier in die Tiefe vorzudringen, wollen wir Sie einfach dazu aufrufen, bewußter mit „Hintergrundgeräuschen" aller Art umzugehen. **Wir brauchen unsere Ohren, um zu hören, was der andere sagt. Denn nur wer auch hört, kann antworten!**

Die laute und die leise Stimme

Wie schon erwähnt, beeinflußt auch die Lautstärke des Gehörten unsere Gefühle. Eine leise Hintergrundmusik empfinden wir als angenehm – lautes Orchesterdröhnen vertreibt uns. Leises Wassergeplätscher des Zimmerbrunnens beruhigt – ein lautes Wasserfallgetöse beängstigt.
Nicht immer kann man die Lautstärke der Umweltgeräusche beeinflussen. Die Lautstärke der eigenen Stimme können wir aber sehr bewußt steuern. Denn die Lautstärke der Stimme ist ein entscheidender Bestandteil unserer Kommunikation.
Sprechen wir besonders leise, vermitteln wir dem anderen das Gefühl, als wollten wir gar nicht wirklich mit ihm sprechen. Ist das

Gesagte für ihn bestimmt? Wir wirken auf unser Gegenüber arrogant oder unsicher.
Jemand, der verschämt „in seinen Bart hineinnuschelt", erweckt auf alle Fälle beim anderen wenig Vertrauen. Es ist außerdem sehr peinlich, wenn wir den anderen nicht verstehen und ständig nachfragen müssen. Irgendwann fragen wir einfach nicht mehr, wir beenden lieber das Gespräch.
Besonders bei älteren Menschen entsteht oft ein Kommunikationsproblem durch die Lautstärke der Stimme des Gesprächspartners. Und hier meinen wir nicht nur die Tatsache, daß viele ältere Menschen schlechter hören und daher zunehmend von ihrer Umwelt isoliert werden. Uns geht es auch um die häufig beobachtete Erscheinung, daß man alten Leuten automatisch unterstellt, schlecht zu hören. So wird ein über 60jähriger oft einfach lauter angeredet, nur um ja gut verstanden zu werden. Das signalisiert diesem eindeutig: „Für mich bist du alt, schwerhörig und wahrscheinlich auch ein bißchen schwer von Begriff!" Nicht gerade die beste Basis für gegenseitiges Verstehen!

Um die Barriere „falsche Lautstärke" zu vermeiden, ist es wichtig, dem anderen zunächst einmal richtig zuzuhören. Dann fällt es uns nämlich leicht, seine Lautstärke zu spiegeln. Denn jeder spricht genau in der Lautstärke, die er selbst am besten hört: Hören und Sprechen hängen eben – wie erwähnt – eng zusammen.

Auch am Telefon ist es wichtig, die richtige Lautstärke zu wählen. Nur wenn wir möglichst direkt ins Mikrofon des Telefonhörers sprechen, wird unsere Stimme am anderen Ende optimal wahrgenommen. Das Telefon filtert viel von unserer Stimme weg – wenn wir auch noch weiter weg vom Mikrofon sprechen, geht zusätzlich „Echtheit" verloren. Nicht umsonst halten Sänger auf der Bühne das Mikrofon so nah an den Mund, als wollen sie es verschlucken. Sie wissen um die Tücken der Tonübertragung.
Ein Gesprächspartner am anderen Ende, der in den Raum hineinspricht und nicht direkt uns zugewendet ist, vermittelt uns den Eindruck von Desinteresse. Am besten, wir beenden das Gespräch möglichst rasch.
Vergessen Sie also nie, weiter direkt in den Hörer zu sprechen, auch wenn Sie sich wegdrehen, weil Sie zum Beispiel eine Unterlage

suchen. Der Gesprächspartner am anderen Ende der Leitung hat Ihre volle Aufmerksamkeit und somit eine optimale Tonqualität verdient!

4.3 Geruch als Barriere

Schon unsere Vorfahren hatten einen ausgeprägten Geruchssinn, der für ihr tägliches Leben und letztlich für ihr Überleben notwendig war. Heute wird unser Geruchssinn – so wie all unsere anderen Sinne auch – durch ein Übermaß an Informationen strapaziert, es fällt uns immer schwerer, die richtigen Informationen herauszufiltern. Wir müssen heute mit unserem Gehirn kompensieren, was unsere Vorfahren mit dem Geruchssinn konnten: intuitiv erkennen, was die richtige Nahrung ist, wer der richtige Sexualpartner ist, wo der Raum zum Wohlfühlen ist.

Wir wissen aber, daß bestimmte Gerüche bestimmte Gefühle auslösen. Deswegen stellen wir Duftschalen in unsere Wohnräume, waschen unsere Wäsche mit besonderen Aroma-Waschpulvern, besprühen uns mehr oder weniger intensiv mit Parfüm, ja sogar in der Werbung wird mit Duftassoziationen gearbeitet. Und auch die alternative Medizin hat sich dieser Erkenntnis bemächtigt, und die Aromatherapie ist ein wichtiger Bestandteil alternativen Heilens geworden. Wie entsteht dieser Sinnesreiz in unserer Nase?

Unser im Limbischen System eingebetteter Geruchssinn ist permanent aktiv. Millionen von Riechzellen befinden sich im Bereich der Nase, dem Geruchsorgan. Über die Riechschleimhaut hält das Zentrale Nervensystem an dieser Stelle Kontakt mit der Außenwelt.

Düfte werden so als Information empfangen und mit bisher gespeicherten Informationen verglichen. Denken Sie einmal an den typischen Krankenhausgeruch – jeder von uns verbindet damit unbestimmte Ängste und meist negative Erfahrungen. Sobald wir ein Krankenhaus betreten, stellt sich automatisch das gleiche Gefühl ein. Wie riecht es dagegen in einer Parfümerie? Es riecht nach Schönheit, Wohlfühlen und Leichtigkeit. Wir können beobachten, wie sich ein Gesicht in Sekundenbruchteilen bei einem bestimmten Duft verändert. Denn Düfte wirken sehr schnell stimulierend, sie wirken unmittelbar auf unsere Gefühle.

Diese Wirkung entfaltet sich genauso schnell bei negativen Geruchsassoziationen. Ein zu intensiver Duft wird als bedrohlich und unangenehm empfunden. In diese Kategorie fallen nicht nur der schon erwähnte Krankenhausgeruch oder der typische Zahnarztgeruch. Auch ein bestimmter Blütenduft oder ein bestimmter Speisengeruch kann als zu intensiv empfunden werden.
Im Prinzip kann jeder Duft, den wir in unserer Erinnerung mit negativen Situationen verbinden, zu negativen Gefühlen führen – vor allem, wenn er zu intensiv ist. So entstehen oft unbewußt Barrieren, und zwar ohne böse Absicht und ohne es überhaupt zu bemerken. Denn wer kann schon ahnen, daß der Gesprächspartner mit dem frischen Fliederduft in unserem Büro die langweiligen Stunden seiner Kindheit bei der verhaßten Tante Amalie assoziiert?

Jeder Mensch hat einen ganz individuellen „Eigenduft“. Dieser Duft verändert sich je nach seelischem Zustand oder momentaner Emotion. So löst Freude einen ganz anderen Duft aus als Ärger, Streß oder Krankheit. Diese individuelle Duftnote wird von unseren Mitmenschen „empfangen“ und „entschlüsselt“. „Er konnte die Angst seines Opfers riechen“ steht im Kriminalroman. „Ich kann sie einfach nicht riechen“ erzählen wir über die neue Kollegin.
Der Geruch entscheidet also auch über Sympathie und Antipathie. Trotz aller Anstrengungen des zivilisierten Menschen, seinen Eigengeruch mit Kosmetik und Reinigungsmitteln zu vernichten, bleibt ein Rest von „Duftinformation“ erhalten. Parfüm kann diesen Eigenduft nicht gänzlich zudecken, es kann ihn nur verändern. Deswegen riecht jedes Parfüm bei jedem Menschen anders. Doch gerade dieser „verfälschte“ Duft kann die Ursache sein, warum wir jemanden nicht riechen können. Parfüm muß zur Person passen, wie die richtige Kleidung in der richtigen Farbe. Es sollte den „Eigengeruch“ unterstreichen, besser zur Geltung bringen. Ein Zuviel des Guten kann eine unsichtbare Wand zum anderen aufbauen, kann den anderen „wegschieben“. **Suchen Sie daher Ihr Parfüm sehr sorgfältig aus, und dosieren Sie es möglichst sparsam.** Penetrantes Parfüm stößt ab, statt anzuziehen!

Wer sich beruflich häufig in Streßsituationen befindet, sollte bewußt auf seine Körperpflege achten – der Geruch nach „Streß-Schweiß“ vertreibt Gesprächspartner schnell. Streß-Schweiß riecht

auch ganz anders als zum Beispiel „Sport-Schweiß". Dieser Geruch wirkt eher anregend, aktiv, gilt sogar als sexueller Stimulus.
Der Körpergeruch hat aber auch etwas mit der Lebensweise zu tun. Wer gesund lebt, sich gesund ernährt, übermäßigen Alkohol- und Nikotingenuß meidet, hat auch einen anderen Geruch. Die ungesunde Lebensweise merkt man nicht zuletzt auch am Mundgeruch – eine der größten zwischenmenschlichen Barrieren!

Leider sind es gerade diese persönlichen Geruchsbarrieren, die besonders unüberwindlich sind. Merkt der andere seine „Negativ-Ausstrahlung" nicht selbst, bleibt sie meist sehr lange aufrecht. Denn es gehört zu den heikelsten Gesprächen, einem anderen klarzumachen, warum alle von ihm abrücken. Unsere persönliche „Körpersphäre" ist für viele ein Tabuthema. Wir fühlen uns in unserer Persönlichkeit zutiefst gekränkt, wenn jemand unseren Geruch kritisiert. Daran merken wir, wie wichtig und untrennbar Geruch mit Persönlichkeit verbunden ist. Sprechen Sie daher so ein Thema bei Kollegen und Freunden immer behutsam und vor allem sehr sachlich an.

Ohne Rauch geht's auch

Nicht nur der körperliche Geruch unserer Mitmenschen ist ausschlaggebend dafür, ob wir uns an einem bestimmten Ort wohl fühlen oder nicht. Ein angenehmer Duft in den Räumen, in denen wir leben oder arbeiten stimmt uns positiv.
Das Problem ist aber, daß wir den Geruch des Raumes, in dem wir uns länger aufhalten, mit der Zeit einfach nicht mehr wahrnehmen. Unsere Nase wird „betriebsblind". Jemand, der in den Raum neu eintritt, hält augenblicklich die Luft an. Dumpfe, abgestandene Luft im Raum erzeugt leicht ein Gefühl der Enge und Beklommenheit – einmal ganz abgesehen von der negativen Wirkung auf unser Gehirn, wenn die frische Sauerstoffzufuhr fehlt. Sollten also Ihre Besucher unmerklich die Luft anhalten, die Nasenflügel aufblähen (auf der Suche nach frischer Luft) oder nur mehr sehr „flach" atmen, wird es höchste Zeit für einen Frischluftimport!
Eine weitere, derzeit heftig diskutierte Geruchsbarriere im Raum ist der Rauch. Im Zuge das allgemeinen „Wellness-Trends" unserer

Gesellschaft gilt Rauchen zunehmend als verpönt. In Amerika, wo dieser Trend schon vor Jahrzehnten entstand, sind Rauchverbote in öffentlichen Räumen etwas Selbstverständliches. In Europa halten sich noch immer hartnäckig einige „Raucherinseln“. Es ist jedoch mittlerweile unbestritten, daß vor allem Nichtraucher den Rauchgeruch als störend und negativ empfinden. Die gesundheitliche Gefährdung durch Passivrauchen hat ebenfalls dazu beigetragen, daß von Rauchern einfach mehr Rücksicht gefragt ist. Immer mehr Büros verbannen Raucher ins Freie oder in einen speziellen Raum.

Was aber tun, wenn ein Kunde unbedingt seine Zigarette zum Wohlfühlen braucht und man ihm seinen Besuch so angenehm wie möglich machen möchte? Oder wenn ein eingefleischter Raucher ohne Glimmstengel einfach keine wichtige Verhandlung übersteht? Hier gibt es keine allgemeingültige Lösung, das Problem gehört aber unseres Erachtens angesprochen und je nach Situation gelöst. Es ist für einen Nichtraucher schwer nachzuempfinden, was in einem Raucher vorgeht, dem man seine Zigarette verwehrt. Es stört seine Konzentration, kann zur richtigen Fixierung werden.
Andererseits sollten solche „Suchtmenschen“ einmal überlegen, welche versteckten Aussagen sie in solchen Situationen über sich machen. „Ich reduziere meine Persönlichkeit auf einen kleinen Glimmstengel, ohne den bin ich nichts!“ Wollen wir als Raucher wirklich so von unseren Mitmenschen gesehen werden, oder sollten wir uns nicht doch endlich das Rauchen abgewöhnen?

Entsteht erst einmal dicke Luft, versuchen wir oft Rauch und andere unangenehme Gerüche durch „Überdecken“ mit besonderen Duftstoffen zu beseitigen. Analog zum Körperparfüm wird so aber der Raumduft nur verfremdet, die Luft wird nicht unbedingt „besser“. Ein Duftspray auf der Toilette hat seine Berechtigung – aber ein Zuviel an Duft im Raum kann penetrant wirken. Duftlampen und Duftschalen können in feinen Dosierungen eine sehr angenehme Atmosphäre schaffen. Wird der Geruch jedoch zu synthetisch und intensiv, kann er auch die Schleimhäute empfindlicher Menschen überreizen und zu tränenden Augen und Halsbeschwerden führen. Möglicherweise weint also Ihr Besucher nicht vor Rührung über die vorweihnachtliche Stimmung in Ihrem Büro, sondern der Zimt- und Zitronenduft ist ihm einfach zu intensiv!

Dezente Duftstoffe, wie sie die Natur produziert, sind immer noch die besten Stimmungsmacher. **Gesunde Grünpflanzen, ein frischer Blumenstrauß oder eine Schale mit frischem Obst sind stets gute Klimaerzeuger. Und eine gelegentliche Frischluftzufuhr beseitigt Geruchsbarrieren im Raum einfach und wie von selbst!**

4.4 Unsichtbare Machtbereiche

Auf einem Fußballspielfeld ist alles klar: Auf der Mittellinie beginnt das Spiel, im Strafraum darf der Tormann den Ball mit den Händen fangen und der gegnerische Spieler nicht gefoult werden, sonst gibt es einen Elfmeter. Und ein Tor zählt erst dann, wenn der Ball die Torlinie überrollt hat. Alle diese Linien und Punkte sind klar gekennzeichnet und auch noch vom letzten Zuschauerrang aus deutlich zu erkennen. Außerdem gibt es da noch den Schiedsrichter, der im Zweifelsfall entscheidet.
In unserem Geschäftsleben geht es da wesentlich „unsportlicher“

zu: Wer was wann und wo darf, ist nicht immer so klar. Und Schiedsrichter gibt es erst recht keinen. Meist gilt, was der Chef sagt, und der ist selten unparteiisch. Das wäre genau so, als würde der Mittelstürmer entscheiden, ob sein Tor gilt oder nicht! Und wo sind die klar gekennzeichneten Machtbereiche? Es gibt keine Boden- oder Tischmarkierungen, die anzeigen, wo ich meine Unterlagen hinplazieren darf und wo nicht. Es bleibt der Feinfühligkeit der Mitmenschen überlassen, zu erkennen, wann er eine unsichtbare Grenze überschritten hat und wann es daher Zeit ist, sich zurückzuziehen. Denn diese Machtbereiche existieren, und wer sie überschreitet, hat meist mit Konsequenzen zu rechnen (vgl. auch 1.3 bzw. 3.4).

Manche Mitmenschen setzen aber so ein Eindringen in fremde Territorien auch als bewußte Waffe ein. Es soll einschüchtern und dem anderen Dominanz signalisieren. Denn die normale Reaktion ist ja ein mehr oder weniger bewußtes Zurückweichen des anderen.

Distanzzonen, die also von anderen unbewußt bzw. berufsbedingt überschritten werden, bilden eine Barriere in unserer Kommunikation. Wir versuchen diese Barriere zu überwinden, indem wir auf andere Weise diese Distanz wieder herstellen: wir flüchten nach hinten, wir drehen uns seitlich (denken Sie an die bereits erwähnte „Knochenseite“, auch sie dient hier als Abwehr!), wir schauen weg, oder wir versuchen durch einen angedeuteten Angriff unsererseits den anderen in die Flucht zu schlagen. Das ist übrigens meist dann eine gute Lösung, wenn Dominanz und Machtspiele die Gründe fürs feindliche Eindringen sind.

Versinken Sie also nicht noch tiefer in Ihrem Stuhl, wenn der Kollege sich demonstrativ auf Ihren Schreibtisch stützt und versucht, direkt in den Terminkalender zu sehen. Richten Sie sich gerade dabei bewußt auf, stehen Sie notfalls sogar auf, und drehen Sie dem anderen leicht die Knochenseite zu. Zeigen Sie einem „Eindringling“ auf diese Weise ruhig die „kalte Schulter“. Er wird diese versteckten Signale sehr wohl zu deuten wissen, wenn vielleicht auch nur unbewußt!

Viele unsichtbare Machtbereiche sind auch sehr individuell geprägt: der eine benötigt einen größeren Abstand zum Wohlfühlen, ein anderer stellt durch das Beanspruchen von „Extraraum“ seine

Wichtigkeit, seine Macht unter Beweis. Einem gekrönten Haupt nähert man sich ja auch nur bis zu einer gewissen Grenze!

Es gibt viele mehr oder weniger versteckte Hinweise darauf, wo sich so ein persönlicher Machtbereich befindet. Je eher ich dies erkenne, desto leichter kann ich die Reaktionen meiner Mitmenschen deuten.

Die Lage des Büros

Ein wesentlicher Hinweis auf einen Machtbereich ist auch die Lage eines Büros. Selbstverständlich hat der Chef das schönste und größte, das mit der schönsten Aussicht, also meist ein Eckbüro. Von hier „strahlt" die Macht geradezu in alle Richtungen. Der Schreibtisch steht dann noch meist schräg gegenüber der Tür, direkt vor dem Fenster. Dort thront der Chef, hat alles und jeden Eintretenden fest im Blick, während der andere seine Gesichtszüge nicht deuten kann, weil diese ja im Gegenlicht nicht erkennbar sind. Nebenan befinden sich die Büros der wichtigsten Mitarbeiter, je nach Rang der Größe und Aussicht nach geordnet. Wer so ein Einzelbüro in der Nähe des Machtzentrums ergattert, der befindet sich auf dem Weg nach oben.
Wer sich jedoch ein Büro mit zwei anderen Mitarbeitern teilen muß, noch dazu mit Aussicht auf einen engen Lichthof, dessen Aussichten sind wahrlich noch nicht so rosig. Aber gerade die Mitarbeiter in solchen Büros müssen sich innerhalb des Raumes ihre Machtbereiche mühsam erkämpfen und reagieren daher um so heftiger auf ein Mißachten dieser Bereiche. In vielen solcher „Mehrbereichsbüros" wird ein Großteil der Energie für „Territorialvergrößerungen" aufgewendet. Da werden Papierkörbe hin und her geschoben, Aktenstapel umgeschichtet, Pflanzen umgestellt, nur um sie angeblich besser ins Licht zu rücken. Ist kein objektiver Raumgewinn möglich, so wird zumindest der eigene Bereich deutlicher hervorgehoben, verteidigt. Durch bunte Accessoires, egal ob rosa Stoffmäuse oder übergroße Kaffeetassen, in Messing gerahmte Bilder der Lieben oder persönliche „Ausschmückungen" des Computers, wird deutlich: Das ist mein Bereich, und ich rate dir, dring hier nicht ein! Wer so unvorsichtig ist, zwei Wochen urlaubsbedingt fernzublei-

ben, der findet das „Schlachtfeld“ verändert vor: die Pinnwand ist voll mit anderen Urlaubskarten, ein Merkblatt wurde ausgetauscht, weil das alte angeblich von einem allzu heftigen Windstoß zerrissen wurde. Am schlimmsten aber ist der Stoß alter Akten, der sich auf dem eigenen Schreibtisch angesammelt hat – *„Das brauchen wir eigentlich nicht mehr, wir dachten, weil Sie doch gerade sowieso nicht da sind, legen wir es einstweilen auf Ihren Tisch. Wenn Sie's nicht mehr brauchen, entsorgen Sie es doch einfach!“* – der eigene Schreibtisch als letzte Station vor dem Aktenvernichter!

Arbeiten zwei Mitarbeiter an gekoppelten Schreibtischen, kann dieser Kampf ums eigene Territorium richtiggehend in einen Kleinkrieg ausarten. Die simpelsten Dinge werden zum Ärgernis: Einmal ist der Locher zu weit im eigenen Bereich, dann wieder fällt ein abgestorbenes Blatt vom „feindlichen“ Blumentopf auf die eigene Schreibunterlage. „Gut, sage ich ihr halt nicht, daß ein wichtiger Kunde für sie angerufen hat!“ Viel wertvolle Energie verpufft im territorialen Kleinkrieg!

Als Eindringen in den eigenen Machtbereich wird nicht nur ein physisches Eindringen empfunden, sondern auch ein visuelles: Wer mich ständig beobachtet, bedroht mich! Wer immer die Kontrolle darüber hat, was ich gerade tue, der hat auch Macht über mich. Chefs, die hinter einer Glaswand arbeiten, sind oft aus genau diesem Grund besonders schwierige Chefs. Sie fühlen sich von ihren Mitarbeitern beobachtet und kontrolliert.
Die Arbeit in Großraumbüros ist auch aus diesen Gründen ziemlich anstrengend. Es fällt hier schwer, sich zu „verbarrikadieren“, der Machtbereich ist denkbar klein. Alle möglichen Zwischenbarrieren werden aufgezogen – kann ich den eigenen Machtbereich nicht nach der Seite hin ausdehnen, muß ich es in die Höhe tun! Künstliche und optisch nicht immer sehr ansprechende Raumteiler sollen Abhilfe schaffen, und aus einem großzügigen Raum wird so eine Anordnung von Bienenwaben – den tieferen Sinn hinter der Großraumidee zu erkennen, fällt uns wahrlich nach langjähriger Beobachtung schwer!

Der unsichtbare Chef

Ein typisches Zeichen von Macht ist es auch, für seine Mitarbeiter nie wirklich greifbar zu sein. Wer gerade noch in seinem Büro war und im nächsten Moment schon im Flugzeug nach New York sitzt, der ist wichtig. Wer schon vor dem ersten Mitarbeiter im Büro ist oder zum normalen Arbeitsbeginn schon beim ersten Meeting sitzt, obwohl er am Vorabend mit Abstand der letzte am Arbeitsplatz war, der ist den anderen einfach eine Nasenlänge voraus. Böse Gerüchte behaupten, es gäbe Manager, die einen Zweitmantel und eine Zweitaktentasche im Büro zurücklassen, als untrügliches Zeichen ihrer Allgegenwart!
Viele Chefs tun sich deshalb auch mit der Politik der offenen Türe schwer. Denn wer immer erreichbar ist, kann ja nicht wirklich wichtig und mächtig sein. Ein moderner Führungsstil verlangt aber genau diese Erreichbarkeit von Chefs. Der direkte Zugang zu Kunden und potentiellen Geschäftspartnern wird von allen gefordert. Sekretariate sind heute keine Bollwerke gegen unliebsame Eindringlinge mehr. Wer sich von seiner Sekretärin ständig abschirmen und notfalls auch verleugnen läßt, der ist rettungslos altmodisch in seinem Führungsverständnis!
Es kann zur echten Barriere werden, wenn jemand seine „Territorialsicherung" so weit treibt, daß er auch telefonisch nie erreichbar ist. Wer seiner Sekretärin verbietet, die Durchwahl des Sekretariats bekanntzugeben, widerspricht dem Trend zum Servicecenter. Eine Unternehmensabteilung ist nicht Exerzierfeld für Machtspiele, sondern eben ein Servicecenter für externe und interne Kunden.

Die „Stammtisch-Barriere"

Unsichtbare Machtbereiche entstehen oft auf Grund von Gewohnheitsrechten. Wer zweimal auf ein und demselben Stuhl in einem bestimmten Raum gesessen ist, hat seinen Stammplatz. Immer wieder wird er zunächst auf diesen Stuhl zusteuern. Und da die anderen auch ihre Stammplätze haben, sind die Machtbereiche klar verteilt.
Ein derartiges Verhalten läßt sich beispielsweise in Dorfwirts-

häusern beobachten. Wehe, ein Ortsfremder wagt es, sich an den Stammtisch zu setzen!

Egal ob Topmanager oder Mitglied der dörflichen Stammtischrunde: persönliche Machtbereiche sind uns wichtig, sie werden oft als Teil unserer Identität angesehen und dementsprechend verteidigt. Wer sich unsensibel über solche Bereichsgrenzen hinwegsetzt, errichtet neue, ebenfalls unsichtbare Barrieren. Das soll aber nicht bedeuten, daß eingefahrene, oftmals unsinnige Machtgrenzen ewig bestehen bleiben. Wer sein Eindringen in fremde Machtfelder aber offen und direkt anspricht, der nimmt dem anderen den Wind aus den Segeln. Es fällt diesem dann leichter, den momentanen „Territorialverlust" zu erdulden – vor allem dann, wenn er davon auch einen Vorteil hat. Vielleicht gibt ja der ortsfremde Eindringling am Stammtisch eine Runde aus?

5 Barrieren im Gespräch

5.1 Die ersten Sekunden als Einstieg

Bevor wir das erste Wort sprechen, senden wir dem Gegenüber schon eine Vielzahl von versteckten Signalen. Unsere Körpersprache läßt erkennen, wie wir dem anderen gegenübertreten. Im ersten Kapitel haben wir uns schon ausführlich damit befaßt.
Was aber geschieht, wenn das Gespräch auch verbal beginnt? Welche versteckten Signale verbergen sich hinter unseren ersten Worten?
Es geht uns im folgenden nicht so sehr um den Inhalt der Worte, sondern um den „versteckten" Inhalt, um das, was zwischen den Zeilen steht. Es geht uns auch um die Art und Weise, wie wir Worte einsetzen. **Denn nicht nur der Sachinhalt eines Satzes ist wichtig, sondern die darin versteckte Aussage.**
Woran erkennen wir diese versteckte Aussage? Der Tonfall und die

Betonung einzelner Worte zeigt, was wir genau meinen. Es macht einen Unterschied, ob wir einen Satz undeutlich „in den eigenen Bart" murmeln oder ob wir die gleichen Worte laut und deutlich artikulieren. Die Wahl unserer Worte, der Zeitpunkt, den wir uns aussuchen, und der Kommunikationsweg sind ebenfalls aussagekräftig. Es ist eben ein Unterschied, ob uns der Empfänger unserer Botschaft ein persönliches Gespräch beim Abendessen in unserem Lieblingsrestaurant oder nur eine kurze Nachricht am Anrufbeantworter wert ist!

All diese Punkte bilden die Mosaiksteine, die erkennen lassen, ob ein Gespräch Barrieren bildet oder aber diese überwindet. Untrennbar sind die versteckten Zeichen aber mit Mimik und Gestik – eben mit der Körpersprache – verbunden. Nur in der Gesamtheit entsteht das Bild im Gegenüber.

Es kann jedoch auch vorkommen, daß sich Körpersprache und Worte deutlich widersprechen. Ein körpersprachlich geschulter Verkäufer kommt uns mit offener Gestik und „kundenorientiertem" Lächeln entgegen. Doch der Satz *„Schauen Sie sich halt einmal um, und wenn Sie sich wo nicht auskennen, fragen Sie mich halt!"* wird den Einstieg in ein gutes Verkaufsgespräch kaum erleichtern. Es ist also auch wichtig, auf die ersten Worte zu achten und sich nicht nur vom Lächeln verführen zu lassen!

Gesprächssignal Gruß

In allen menschlichen Kulturen, ja sogar in der Tierwelt gibt es wenige Rituale, die so wichtig sind wie der Gruß (vgl. dazu auch 1.2). Ein Lebewesen zeigt damit dem anderen, daß es willkommen ist, daß keine Barrieren sie voneinander trennen. Egal ob nur die Hand gehoben wird, ob ein kurzes Kopfnicken, eine Verbeugung die Grußworte begleitet oder eine herzliche Umarmung stattfindet – der passende Gruß öffnet die Tür zum anderen.

Es gibt jedoch unzählige verschiedene Arten, sich verbal zu begrüßen. Und es ist ganz und gar nicht egal, welche Variante wir in der jeweiligen Situation wählen. Ein joviales *„Hallo, du"* lockt einen korrekt-konservativen Neukunden sicher nicht aus der Reserve. *„Ich freue mich ja so, Sie endlich einmal persönlich zu treffen, ich*

habe ja schon soo viel von Ihnen gehört!" wird die schüchterne Gattin des Arbeitskollegen noch mehr verunsichern – was hat der wohl über mich gehört? Ganz zu schweigen von dem allzeit beliebten Bürogruß um die Mittagszeit: *„Mahlzeit!"* – und das ausgerechnet am stillsten Örtchen.
In diesen Fällen handelt es sich eindeutig um den vielleicht richtigen Gruß am völlig falschen Ort. Der gute Wille war vorhanden, doch leider ist schon durch diese ersten Worte eine Hürde entstanden, die erst mühsam wieder abgebaut werden muß. Ein unnützer Kraftaufwand, der hätte vermieden werden können.

Aus Gedankenlosigkeit (oder böser Absicht?) werden beim Begrüßen oft Formulierungen gewählt, die den berühmten Rollbalken mit lautem Getöse herunterfahren lassen. Ein barsches *„'n Tag, Sie wünschen?"* war noch nie der Verkaufsschlager. Aber auch das auf dem letzten Verkaufsseminar antrainierte, im wohlklingenden Singsang vorgetragene Begrüßungssprüchlein geht ins Leere, wenn die hochgezogenen Augenbrauen dabei Langeweile beziehungsweise Überheblichkeit signalisieren. Es gibt auch ein Zuviel des Guten. Wer jedem Wildfremden beim ersten Begegnen gleich einen Doktortitel verleiht, nur weil man sich eben in einem vornehmen Wohnviertel befindet, erntet meist wenig Gegenliebe.

Es ist wichtig, beim Gruß auf die passende Wortwahl und die richtige Anrede zu achten. Wenn wir von der bevorstehenden Begegnung wissen, können wir uns ja vorher informieren, über welche Titel der andere verfügt. Und wenn wir genau hinhören, merken wir sehr schnell, ob der andere auf diese Titel wert legt oder nicht. Stellt sich jemand mit „Gestatten, Meier!" vor, wird man den Professor und den Dr. jur. ruhig weglassen können. Es kommt in diesem Bereich aber immer noch sehr auf das Umfeld an – in einer konservativen Innenstadt-Anwaltskanzlei empfiehlt sich da mehr Feingefühl als im Fitness-Center.

So banal es klingen mag: **Ein einfacher, freundlicher Gruß tut nicht weh, kostet nur sehr wenig Atemluft und eine minimale Schwingungsarbeit der Stimmbänder – und überwindet doch mühelos die erste Hürde.**
Warum erleben wir dann immer noch tagtäglich Situationen im

Geschäftsleben, wo das Grüßen vom Lehrling bis zum Generaldirektor offensichtlich unbekannt ist?

Nummern statt Namen?

Jede Horrorvision einer futuristischen Welt ist immer geprägt vom Verlust der persönlichen Identität. Ausgedrückt wird dieser Verlust im Ersetzen des Namens durch eine Nummer. Sehr schnell mutieren auf diese Weise menschliche Wesen zu gesichtslosen und austauschbaren Geschöpfen. Der Name ist ein wichtiges Ausdrucksmittel der eigenen Persönlichkeit. Jeder möchte daher auch mit dem eigenen Namen angesprochen werden. Nur so fühlen wir uns auch persönlich willkommen, angenommen.

Es ist daher immer ein Zeichen der Wertschätzung des anderen, wenn wir schon am Anfang eines Gespräches seinen Namen benutzen. Lieber noch einmal nachfragen, wenn wir den Namen noch nicht kennen oder nicht verstanden haben. Aber bitte nie *„Wie* ***war*** *Ihr Name?"* – diese Wortwahl signalisiert dem anderen: „Ich habe dich geistig schon weggeschoben, du existierst nur mehr in der Vergangenheit für mich!"

Gewöhnen Sie sich an, den Namen Ihres Gesprächspartners von Anfang an ins Gespräch einzubeziehen. So können Barrieren viel schwerer entstehen und bereits bestehende Hürden leichter überwunden werden. Peinlich wird es nur, wenn man den Namen des anderen leider vergessen hat: *„Guten Tag, Frau ... ähm ..."* Sollten Sie Zeit zur Vorbereitung haben, ist es ratsam, sich den Namen schon vorher in Erinnerung zu rufen. Finden Sie spontan keinen hilfreichen Anhaltspunkt, so geben Sie Ihre Gedächtnislücke auch einmal ehrlich zu. Aber schieben Sie den Fehler nicht auf den anderen: *„Ich merke mir sonst Namen sehr gut, aber Ihren kann ich einfach nicht behalten!"*

Wer sich angewöhnt, die Namen seiner Mitmenschen oft zu gebrauchen – egal ob bei einem Freund, einem Kollegen oder einem Kunden – der wird dieses Problem seltener haben. Es ist auch Einstellungssache, ob wir uns von Anfang an den Namen unseres Gegenübers einprägen, notfalls mit Hilfe von „Eselsbrücken".

Als kleine Hilfe wurden ja auch die **Visitenkarten** erfunden. Im

Geschäftsleben ist es je nach Situation und Nation mehr oder weniger üblich, beim Erstkontakt diese kleinen Kärtchen auszutauschen. Stecken Sie so eine Karte nie achtlos weg, sondern lesen Sie sie auch vor den Augen des Überreichers. Es beweist ihm, daß Sie ihn ernst nehmen und nicht einfach „in der Hosentasche verschwinden lassen". Solch kleine „Fehlhandlungen" können eine neue Beziehung von Anfang an gefährden!
Darüber hinaus ist es wichtig, dem anderen die gleiche Chance zu geben. Nennen Sie auch Ihren Namen laut und deutlich, jeder hat ein Recht darauf zu erfahren, mit wem er es gerade zu tun hat. Verstecken Sie sich gerade im Berufsleben nicht hinter der Anonymität Ihrer Firma. Auch ein Beschwerdegespräch verläuft anders, wenn der Kunde seine Probleme mit der Frau Meier bespricht, anstatt mit der ABC-AG!

Egal in welchem Umfeld Sie tätig sind – behandeln Sie Ihren Gesprächspartner immer als Individuum, nicht als Nummer oder reines „Sachobjekt" – wenden Sie ihm Ihre ganze Aufmerksamkeit zu, egal wie wichtig die Sache ist, um die es geht. Das schafft Vertrauen, eine gemeinsame Basis.

5.2 Worte als Bausteine der unsichtbaren Wand

Ich statt Du

„Du siehst gut aus, wohl auf Urlaub gewesen?“
„Ja, ich war zwei Wochen in der Karibik!“
„Ach, traumhaft, da war ich mit meiner Frau auch letztes Jahr!“
„Ja, wir waren ganz begeistert: das tolle Hotel, der Strand und diese Sonnenuntergänge ...“
„Bei uns hat es leider vier Tage geregnet, aber in einem 5-Sterne-Hotel erträgt man das auch ganz gut, ha, ha, ha!“
„Wir waren so faul, nicht einen einzigen Ausflug haben wir mitgemacht, nur immer am Pool oder am Strand gefaulenzt – herrlich!“
„Ja, unser Strand war auch herrlich ...“ usw. usw.

So ein Gespräch kann noch ewig so weitergehen, je nach verfügbarem Zeitrahmen der beiden Gesprächspartner. Aber ist „Gesprächspartner" hier überhaupt das richtige Wort? Brauchen sich die beiden überhaupt? Außer dem einleitenden „Du" kommt dieses Wort nicht mehr vor. Keiner reagiert auf den anderen, jeder erzählt nur von seinen eigenen Erlebnissen und Erfahrungen. Gegenseitiges Interesse läßt sich hier schwer erkennen.

Kommt Ihnen so eine Gesprächssituation bekannt vor? Wir behaupten, zwei Drittel aller „Nach-Urlaubs-Gespräche" laufen so ab. Und leider nicht nur diese. Jeder ist meist mehr daran interessiert, die eigenen Gedanken möglichst schnell, laut und ungefiltert an den Mann zu bringen. Ob das den anderen interessiert, wird nicht hinterfragt. Echte Kommunikation als Austausch von Botschaften findet so nicht statt. Zwischen beiden steht eine unsichtbare Wand, die immer höher wird, je länger jeder seinen „Monolog" hält. Ein Spiegel als Gegenüber würde auch genügen – ja, das hätte auch noch den Vorteil, sich selbst nicht nur zuzuhören, sondern auch noch optisch bewundern zu können – die perfekte Gesprächssituation für Egoisten aller Art und Klassen!

Wer diese Mauer erst gar nicht entstehen lassen will, der sollte viel öfter das Wort „Du" verwenden. Versetzen Sie sich in die Lage Ihres Gesprächspartners: Was bewegt ihn? Was möchte er mir sagen? Was meint er wirklich? Nur wer sich die Brille seines Gegenübers aufsetzt, der wird mit Worten eine Brücke bauen können – denn ich muß ja wissen, wohin die Brücke reichen soll, wo sich der andere gerade befindet. **Wer immer nur von sich redet, ist bald allein. Wer sich dem Du zuwendet, wird Freunde gewinnen!**

Worte als leere Hülsen

Kindern sei die Angewohnheit, einfach drauflosplappern, gerne verziehen. Sie zeichnen sich ja auch meist durch eine gewisse Originalität in ihrem Denken aus, nichts ist noch antrainiert, das meiste wirklich spontan. Bei den Erwachsenen geht die Originalität meist verloren – was bleibt, ist die Angewohnheit, zuerst zu sprechen und dann zu denken. Und um die Zeit bis zum ersten echten

Geistesblitz zu überbrücken, wird munter drauflosgeredet. Die nötigen Floskeln sind schnell zur Hand, und „perlen“ leicht von den Lippen – man hört sie ja oft genug! Unter dem Motto „Nur wer spricht, ist wichtig!“ gilt Schweigen als verpönt. Besser heiße Luft von sich zu geben als sich klugem Schweigen hinzugeben!

Ein paar Beispiele gefällig?

„Eigentlich möchte ich dazu noch folgendes sagen …“
„Also, wenn ich mir das so recht überlege …“
„Nein, was Sie nicht sagen!“
„Aber selbstverständlich, freilich höre ich zu …“
„Ja, immer nur schnell drauflos, sag ich immer …“
„Im Prinzip ist es ja so …“
„Also, das tut mir aber ehrlich leid …“
„Ich bin Ihnen ja überaus dankbar – in Anbetracht dessen, wie kostbar doch unser aller Zeit ist, daß Sie …“
„Es ist nun mal nicht einfach, der Beste zu sein.“

Diese Liste ist beliebig fortsetzbar – besonders beliebt sind Sprüche wie der zuletzt angeführte. Sie sollen Originalität vortäuschen und sind doch nur leere Hülsen. Wer sein Gespräch so beginnt, schiebt den anderen von sich weg – es geht ihm nicht um den Gesprächspartner, es geht ihm nur um Selbstdarstellung. Solche Menschen messen den Gesprächserfolg einzig und allein am eigenen Sprechanteil. Doch wie beim Fußball gewinnt nicht die Mannschaft mit dem größten Anteil an Ballbesitz, sondern diejenige, die die meisten Tore schießt!

Bemühen Sie sich um eine treffsichere Sprache: Was will ich wirklich sagen? Was ist auch für mein Gegenüber interessant? Was fühle ich wirklich – unabhängig von dem, was „man“ in solchen Situationen so sagt? Wer nur Konversation – streng nach gesellschaftlichen Benimm-Regeln – betreibt, wird zwar nie anecken, aber auch bald als sehr langweilig eingestuft werden. Keiner hört mehr wirklich zu, jeder setzt sein verbindliches Lächeln auf und antwortet ebenfalls mit heißer Luft – bla, bla, bla …
Ein wirkliches Gespräch von Mensch zu Mensch verlangt echtes Gefühl, Anteilnahme und ein „Sich-Hineinversetzen“ in den ande-

ren. So wird das Gespräch einmalig, so einmalig wie jeder Mensch nun einmal ist.
Nutzen wir diese „Gottesgabe“ doch, und machen wir uns nicht zu gesichtslosen „Gesprächsautomaten“!

Ironie und schlechte Witze

Lachen ist gesund, und gemeinsames Lachen verbindet. Humor ist daher in der Kommunikation sehr beliebt und hat schon manches allzu ernste Gespräch gerade noch rechtzeitig aufgelockert. Wer es beherrscht, im richtigen Moment für fröhliche Gesichter zu sorgen, gilt schnell als beliebter Gesprächspartner. Wer sieht sich nicht gerne in der Rolle des witzigen Alleinunterhalters auf jeder Party – umringt von begeistertem Publikum, allzeit beliebt und strahlender Mittelpunkt?

Doch was ist von folgenden Gesprächseinleitungen zu halten?

> *„Finden Sie nicht auch, daß unsere Gastgeberin ihrer Bulldogge jedes Jahr ein wenig ähnlicher sieht? Nur wird die Bulldogge sicher nie in großgeblümten Kleidern herumlaufen, ha, ha, ha!“*

> *„Also Ihre Krawatte gefällt mir ganz besonders gut! Vor Jahren hatte ich auch so eine, die waren da ja sehr modern!“*

> *„Kennen Sie den? Warum verkauft man in X keine Fax-Geräte mehr? Weil die Sekretärin immer Porto draufklebt und dann erst das Gerät wegschmeißt, weil der Brief immer wieder unten herauskommt! Ha. Ha, ha ...Was? Sie kommen aus X? Und Sie sind Sekretärin? Na, Anwesende ausgenommen!“*

Bei so viel sprühendem Witz bleibt dem anderen sicher das Lachen in der Kehle stecken. Es ist zwar erwiesen, daß wir hauptsächlich aus Schadenfreude lachen, aber trotzdem ist von Witzen auf Kosten Dritter dringend abzuraten. Sie wirken überheblich und taktlos. Steht das Zentrum des Spottes auch noch genau vis à vis, ist der Gesprächsfaden nachhaltig durchtrennt. Solche Tritte ins Fettnäpfchen werden zumindest im Unterbewußtsein sehr dauerhaft gespeichert, die Gesprächskultur ist nachhaltig gestört.

Humor hat auch etwas mit Zeitgeist zu tun. Unsere Großväter lachten noch herzlich über Dick und Doof. Heute ist das Fernsehen – auf der Suche nach immer höheren Quoten – in ganz andere Bereiche vorgestoßen. Es gibt kein Thema mehr, das tabu ist. Alles und jeder ist dem Spott ausgesetzt. Geschmacklosigkeiten werden bewußt als Provokation eingebaut. Hauptsache, man bleibt im Gespräch. Humor kann somit sehr aggressiv sein, er wird zur Waffe. Der, um den es geht, kann sich kaum wehren, ohne als „humorlos" angesehen werden.
Die einzige Waffe besteht darin, die Ironie zurückzugeben. Doch wem fallen im passenden Moment die gleichen Niederträchtigkeiten ein? Und ist so eine verbale Schlammschlacht wirklich lustig?
Gerade bei Witzen ist der Grat oft sehr schmal. Ob ein Spaß als geschmacklos aufgefaßt wird, hängt von der Umgebung, der Stimmung und der Vertrautheit der Leute ab. Gerade im öffentlichen Bereich – und dazu zählt das Geschäftsleben nun einmal – ist Vorsicht angebracht. Selbst wenn die Betriebsfeier noch so fröhlich und ausgelassen verläuft, der tolle Witz ist am nächsten Tag, so ganz nüchtern betrachtet, doch nicht mehr ganz so witzig. Falscher Humor schafft so Mißtrauen und den Eindruck von wenig Professionalität.

Wirklichen Humor beweist überdies, wer über sich selbst lachen kann. Denn wer immer nur über andere lacht, wird bald alleine lachen.

Barrieren aus der Gerüchteküche

Wir lachen nicht nur gerne aus Schadenfreude, wir reden auch sehr gerne über andere.

> *„Hast du schon gehört? Der Huber soll gewaltigen Krach mit seiner Frau haben. Na, ist auch kein Wunder, so wie der allen weiblichen Wesen hinterhersteigt! Würde mich nicht wundern, wenn er mit der Neuen nicht auch bald was hat …"*

So und ähnlich verlaufen viele Gespräche in den Gängen, Kantinen und Büros. Beim nächsten Weitererzählen ist dann das neue Ver-

hältnis des Herrn Huber schon fixe Tatsache. So entstehen Gerüchte, keiner weiß mehr so recht, wer damit angefangen hat, und deswegen fühlt sich auch keiner verantwortlich.
Gerüchte basieren ja meist nur auf Vermutungen und nicht auf Tatsachen. Sie schaffen Unruhe, Verunsicherung und tragen zu einer nachhaltigen Verschlechterung des Betriebsklimas bei. So ziehen sich mit der Zeit immer tiefere Gräben durch die Belegschaft, und wer im Zentrum der Gerüchte steht, der ist bald ganz isoliert.
Diese Barrieren schaffen nicht nur Hindernisse im zwischenmenschlichen Bereich, sie behindern auch sehr oft entscheidend die Arbeitsleistung. Wer ständig seinen „guten Ruf" verteidigen muß, der hat einfach weniger Zeit zum Arbeiten. Und wer hauptsächlich in der Gerüchteküche kocht, der vergißt gerne einmal, eine wichtige Information weiterzugeben.
Doch auch bei den „Köchen" in der Gerüchteküche macht sich bald leises Unbehagen breit: nicht etwa wegen des armen „eingekochten" Opfers; es beschleicht sie bisweilen der vage Verdacht, selbst vielleicht einmal im Gerüchtetopf zu landen.
Ist das Klima einmal dermaßen vergiftet, ist eine offene Atmosphäre schwer wiederherzustellen. Nach unzähligen Einzelgesprächen, Meetings, Kündigungsdrohungen und Selbsterfahrungs-Seminaren gibt auch der beste Chef entnervt auf.
Es ist wichtig, die ersten Anzeichen zu erkennen und bewußt gegenzusteuern. Es hat wenig Sinn, darauf zu hoffen, daß sich alles von selbst beruhigen werde. Es ist sinnvoller, sich einmal darüber klar zu werden, wo die Quelle eines Gerüchtes liegt. Welche Verhaltensweise, welcher Tatbestand hat dazu geführt? Wer ist federführend? Sammeln Sie notfalls handfeste Beweise. Versuchen Sie dann in einem offenen Gespräch zu klären, warum es so weit gekommen ist. **Je früher man offen über Gerüchte redet, desto leichter lassen sie sich widerlegen.**

Negativismus und Konjunktivitis

Hinter harmlos klingenden Sätzen verbergen sich oft unsichtbare Gesprächsbarrieren. Ohne daß es die Gesprächsteilnehmer bewußt wahrnehmen, gerät ein Gespräch in eine falsche Bahn.

Sehr weit verbreitet ist der sogenannte „Negativismus“: Selbst wenn noch gar nicht feststeht, daß eine Nachricht auch wirklich negativ ist, wird sie sicherheitshalber in eine negative Formulierung verpackt.

„Nein, wir haben morgen keinen Termin mehr frei!“
„So geht das nicht, man kann höchstens versuchen ...“
„Ich glaube nicht, daß wir das haben.“
„Der Herr Dr. Steiner ist leider nicht zu sprechen!“

Die Endgültigkeit der Verneinung hängt im Raum (oder in der Telefonleitung) wie ein unsichtbares Netz, durch das wir nicht durchkönnen: Wann ist denn ein Termin frei? Was können wir versuchen? Was haben Sie denn? Und wann ist der Herr Dr. Steiner zu sprechen? Wirklich nie wieder?
Denken Sie an so manche Texte auf Firmen-Anrufbeantwortern: *„Derzeit sind alle (!) Leitungen besetzt.“* Wirklich alle, und wer sitzt darauf? Der Anrufer möchte nicht hören, was nicht geht, sondern was Sie ihm statt dessen bieten (vgl. auch Kapitel 7).
Bei jedem „Nein“, das wir hören, fällt in unserem Inneren ein unsichtbarer Rollbalken herunter. „Nein“ war eines der ersten Worte, dessen Bedeutung uns schon in unserer frühesten Kindheit klarwurde: Hier geht es nicht weiter, hier ist das Ende, aus! Wer es trotzdem weiter versucht, der verbrennt sich die Finger, stürzt in den Bach oder fällt vom Stuhl. Solcherart Erlerntes wirkt nachhaltig bis in unsere Erwachsenengespräche nach. Kindliche Trotzreaktionen, Resignation oder Gegenangriff sind die häufigsten Folgen.
Um wieviel einfacher ist es, den gleichen Inhalt in eine positive Formulierung zu verpacken:

„Ja, übermorgen haben wir einen Termin für Sie.“
„Wir werden uns darum kümmern, ...“
„Ich werde überprüfen, was aus unserem Angebot für Sie das Passende ist.“
„Herr Dr. Steiner ist ab morgen früh wieder erreichbar.“
„Bitte sprechen Sie auf Band, wir rufen so rasch wie möglich zurück.“

Es kommt also ganz auf die Verpackung an. Wir können den gleichen Inhalt sehr oft auch positiv formuliert verpacken und erreichen damit eher eine Akzeptanz bei unseren Zuhörern. Daß dieser „Trick“ nicht immer funktioniert, ist klar. Manchmal muß ein „Nein“ auch gesagt werden, nicht jede negative Tatsache läßt sich umschiffen. Sonst werden wir unglaubwürdig, der andere nimmt uns nicht mehr ernst.

Apropos ernst nehmen: Wer im Gespräch sicher formuliert, dessen Meinung wird gehört und akzeptiert. Wer aber unsicher und zweifelnd auftritt, hat bald seine Glaubwürdigkeit verspielt. Die eigene Unsicherheit wird zum Hindernis für ein gutes Gespräch.
Wie äußert sich diese Unsicherheit? Meist formulieren wir im Konjunktiv, wenn wir uns einer Sache nicht so ganz sicher sind:

„Ich hätte da noch etwas anzumerken ...“
„Man könnte ja versuchen ...“
„Da wäre noch ein Punkt offen ...“

Die Unsicherheit des Redners „trieft“ geradezu aus diesen Sätzen. Wer überzeugt ist, daß sein Beitrag zu einer Besprechung nicht gerade toll ist, der nimmt die Entschuldigung lieber gleich einmal vorweg:

„Es ist zwar nicht viel, was ich dazu zu sagen habe, aber ...“
„Ich bin kein großer Redner, aber ...“
„Ich weiß nicht, ob das jetzt zum Thema paßt, aber ...“

Diese „Verkleinerungsversuche“ treffen wir in fast jedem unserer Seminare an. Oft wird behauptet, es handle sich dabei um die typische Frauensprache. Grundsätzlich ist es auch richtig, daß sich Frauen oft weniger zutrauen, mehr an der eigenen Person zweifeln und daher häufiger zu entschuldigenden Formulierungen greifen. Wir haben aber immer wieder festgestellt, daß auch Männer ihre Diskussionsbeiträge so oder ähnlich einleiten.

Machen Sie sich nicht kleiner, als Sie sind: Stehen Sie zu Ihrer Meinung, und legen Sie den anderen nicht schon die Gegenargumente in den Mund: *„Wie Sie schon sagten, haben Sie zu dem Thema nicht viel zu sagen!“*

Oft wird auch aus falsch verstandenem Höflichkeitsbedürfnis zum Konjunktiv Zuflucht gesucht:

„Dürfte ich Sie bitten, ...“
„Könnte ich Ihnen vielleicht jetzt unser Angebot zeigen?“
„Hätten Sie vielleicht ein wenig Zeit für mich?“

Vergleichen Sie: Was klingt an folgenden Sätzen unhöflicher? Sind diese Formulierungen wirklich notwendig? Oder legen Sie dem anderen nicht die Ablehnung geradezu in den Mund? Höflichkeit hat nichts mit Unterwürfigkeit zu tun.

Formulieren Sie also besser:

„Darf ich Sie bitten, ...“
„Ich zeige Ihnen jetzt unser Angebot.“
„Haben Sie jetzt zehn Minuten Zeit für mich?“

Selbstsicheres Auftreten bedeutet noch lange nicht, die Höflichkeit dem anderen gegenüber außer acht zu lassen. Es geht vielmehr um eine klare Basis, einen sicheren Standpunkt, den wir vertreten. So machen wir es auch dem anderen leichter, mit uns zu kommunizieren: Er erkennt, woran er bei uns ist, wir können klar und präzise miteinander reden, ohne verbale „Scheingefechte“ auszutragen, die doch nur häufig zu Mißverständnissen führen.

Formulierungen als unsichtbare Mauer

Es gibt noch eine ganze Reihe von typischen Formulierungen, die ein Gespräch sehr schnell zum „Hürdenlauf“ machen. Die folgende Liste erhebt keinen Anspruch auf Vollständigkeit, sie ist beliebig fortsetzbar.

vermeiden	*Begründung*	*besser*
„Ehrlich gesagt …“	Warum sind Sie erst jetzt ehrlich? War bisher alles unehrlich?	Einfach weglassen!
„grundsätzlich“, „im Grunde genommen“	Typische Leerfloskeln, die die Objektivität nur vortäuschen	Ebenfalls streichen!
„gewissermaßen“, „in etwa“, „irgendwie“	Hier sind Sie wieder in die typische Unsicherheitsfalle getappt. Wer so spricht, scheut die Verantwortung, erweist sich als inkompetent.	Auch hier: einfach weglassen!
„eigentlich“	So schränken Sie das Gesagte ein, entschuldigen sich, verkleinern die Aussage.	Formulieren Sie bestimmt und ohne „heiße Luft“.
„Sicherlich“	Ganz so sicher ist der Redner nicht, sonst müßte er es nicht gar so betonen!	„Ich bin überzeugt, …“
„auf jeden Fall“, „überhaupt“, „unter allen Umständen“	Wer so vehement verstärkt, verdeckt damit nur seine Unsicherheit oder erweist sich als autoritär und intolerant.	Verwenden Sie dagegen sachliche Formulierungen wie: „Die Erfahrung hat gezeigt, …“

vermeiden	*Begründung*	*besser*
„ganz einfach“, „praktisch“	Ganz so einfach liegen die Dinge hier nicht, und wer „praktisch alles im Griff hat“, der hat theoretisch nichts unter Kontrolle.	Verwenden Sie öfter das Wort „konkret“.
„ausgezeichnet“, „großartig“, „hervorragend“	Solche Übertreibungen wirken selbstherrlich. Hier ist der typische „Schulterklopfer“ unterwegs, der Detailprobleme gerne einfach vom Tisch fegt.	Einfach weglassen!
„Man sollte“	Nicht nur der Konjunktiv stört hier. Mit „man“ fühlt sich „Mann/Frau“ nicht angesprochen, die Wahrscheinlichkeit, daß so einer Anregung Taten folgen, ist wohl äußerst gering!	„Wir werden“, „Ich werde“

vermeiden	*Begründung*	*besser*
„selbstverständlich", „natürlich"	Solch joviale Zusicherungen schieben den Gesprächspartner weg, signalisieren ihm, daß seine Einwände nicht so ganz ernst genommen werden. – „Aber *selbstverständlich* haben wir an alles gedacht!"	Ebenfalls einfach weglassen!
„Sie müssen schon folgendes beachten!" „Sie dürfen nicht einfach ...!"	Diese Formulierung erinnert uns die erziehenden Worte unserer Eltern und Lehrer: *„Du darfst nicht ..." „Du mußt immer ...!"*	„Ich bitte Sie, auf folgende Tatsache zu achten ..." „Bitte beachten Sie ..."
„Warum?"-Fragen	Sie wirken schulmeisterlich, erinnern uns an unsere Kindheit und Schulzeit.	„Aus welchem Grund ..." „Weshalb ..."

Gerade im Geschäftsalltag begegnen wir vielen typischen „Killerphrasen" und „Leerfloskeln". Viele der folgenden Formulierungen werden besonders am Telefon eingesetzt. Auch diese Liste erhebt keinerlei Anspruch auf Vollständigkeit. **Achten Sie in Zukunft auf diese Gesprächskiller, und versuchen Sie, sie zu vermeiden!**

vermeiden	Begründung	besser
„Der Hr. Doktor ist bei Tisch!“	Vernehme ich diese Botschaft, entsteht vor meinem geistigen Auge ein Bild: der Herr Doktor, vor üppig gedecktem Tisch, die große Serviette um den Hals gebunden, das Rotweinglas in der Hand, seinem Gegenüber (sicher einer von meinen Konkurrenten – mich lädt er ja nie zu einem Geschäftsessen ein!) mit vollem Mund zuprostend. Wehe, ich höre die gleiche Aussage, wenn ich nach zwei Stunden noch einmal anfrage …	„Herr Dr. X ist in einer Besprechung, er ist zwischen 14.00 und 14.30 Uhr wieder zu sprechen.“
„So, das war's, mehr hab ich im Moment nicht.“	Diese Formulierung läßt den Rollbalken wie ein Fallbeil herunterrasseln und klemmt dabei auch noch den kaufwilligen Kunden ein. Ob der wohl wiederkommt?	„Wie beurteilen Sie unser Angebot? Was können wir noch für Sie tun?“

vermeiden	*Begründung*	*besser*
„Ich kann Sie nicht verbinden, er ist zur Zeit im Haus unterwegs."	Erstens möchte ich keinen Verband und zweitens, was ist das wohl für einen Firma, in der die Leute statt zu arbeiten lieber mit dem Lift spazierenfahren oder bei diversen Kollegen auf einen Tratsch vorbeischauen? Oder hat sich der Arme etwa verirrt?	„Wir rufen gerne zurück, sobald die Besprechung beendet ist."
„Verzeihen Sie, wie war Ihr Name?"	Ich verzeihe nicht, ich lebe noch, und mein Name ist noch immer gleich!	„Wie ist Ihr Name, bitte?"
„Das haben wir noch nie so gemacht!"	Der typische Killersatz von Menschen, die Angst vor Veränderung haben, die starr auf ihrem Standpunkt verharren.	„Dieser Vorschlag ist sehr interessant, ich leite ihn gerne weiter."
„Heute ist nur Frau X zu sprechen."	Die arme Frau X – der allerletzte Notnagel! Aber ich als Kunde habe doch Anspruch auf die beste Alternative?! Oder bin ich nicht wichtig genug?	„Ich verbinde mit Frau X, unserer zuständigen Ansprechpartnerin."

➸

vermeiden	Begründung	besser
„Ich als Fachmann rate Ihnen …“	Wer schon in der Schule Probleme mit Wichtigtuern und typischen „Oberlehrern“ hatte, der wird auch hier sauer reagieren!	„Was meinen Sie zu …?“
„Da haben wir ein Problem. Ich werde Ihre Beschwerde an die Reklamationsabteilung weiterleiten.“	So werden Probleme oft erst rhetorisch erzeugt. Vielleicht war das, was hier zum Problem, zur Beschwerde, zur Reklamation geworden ist, ursprünglich nur eine schlichte Anfrage?	„Ich werde Ihre Anregung, Ihre Frage gerne weiterleiten.“
„Das weiß ich nicht, da wurde ich nicht informiert!“	Uninformiert sein und dann auch noch über die Kollegen schimpfen, das wirkt sicher nicht professionell!	„Ich werde mich für Sie erkundigen.“
„Wie bitte? Haben Sie etwas gesagt? Ich habe Sie nicht verstanden!“	Der andere hört deutlich zwischen den Worten: „Du redest undeutlich, leise; überhaupt fehlt mir das Verständnis für dich!“ Vielleicht hat er gar nicht zugehört?	„Aufgrund der schlechten Verbindung habe ich nicht verstanden.“

→

vermeiden	Begründung	besser
„Es tut mir leid, der Chef ist heute sehr im Streß, er ruft Sie sicher bald zurück!“	Tut es ihr/ihm wirklich leid? Und der Chef, das ist wohl einer von diesen Wichtigtuern, die ihr „Streß-Image“ pflegen! Was versteht der unter „bald“? Wahrscheinlich warte ich da ewig auf einen Rückruf.	„Herr Huber möchte sich die Sache in Ruhe noch einmal für Sie ansehen, er ruft Sie dann morgen früh zwischen 9.00 und 9.30 Uhr zurück!“

Alle „Geht nicht“-, „Ist nicht“-, „Haben wir nicht“-Formulierungen öffnen im Gespräch einen unüberwindlichen Graben. Sie schieben den Gesprächspartner weg, zeigen ihm sozusagen die endgültige Stoptafel. Viel besser ist es, statt dessen dem anderen zu sagen, wie es gehen kann, was man selber tun wird, welche Initiative sinnvoll ist. Die positive Formulierung läßt Raum zur Initiative, zur möglichen Lösung. Auch, wenn wir es noch nie so gemacht haben, wir werden es für Sie probieren.

Gerade im Berufsleben ist es für die Gesprächspartner wichtig, konkrete Informationen zu erhalten. Wir wollen nicht wissen, wie etwas nicht geht, wir wollen auch keine vagen Ausflüchte und unklaren Zeitangaben *(gleich nachher, schon bald, demnächst, irgendwann nächste Woche ...).* **Achten Sie daher auf konkrete Aussagen, liefern Sie dem anderen stets klare Fakten.** Wenn Sie einen Zeitpunkt nicht so genau voraussagen können, geben Sie eine konkrete Zeitspanne an: „Er wird Sie zwischen 14.00 und 14.30 Uhr zurückrufen!“

5.3 Kritik als Killer

Wer hört schon gerne, daß seine Nase zu lang, sein Haar zu blond, sein Dialekt zu „gewöhnlich" und sein Auto zu japanisch sei? Was fangen wir mit dieser Art von Kritik an? Sollen wir die Nase operieren, die Haare färben lassen, ab morgen nur mehr Französisch sprechen, das Auto verkaufen und einen neuen, deutschen Sportwagen erstehen? Oder doch lieber die Freundschaft zu dem kritischen Zeitgenossen neu überdenken? Die zweite Variante kommt uns entschieden billiger und ist daher auch die bessere Lösung!
Sie meinen, dieses Beispiel sei überzeichnet, übertrieben? Wie oft begegnet uns unsachliche, unpassende und beleidigende Kritik. Ohne lange darüber nachzudenken, äußern manche Menschen ihre Meinung über andere. Sie sind meist noch stolz, weil sie nicht zu denen gehören, die hinter deren Rücken über andere reden. Es gibt verschiedene Typen von Kritisierern:

Der Nörgler: Bei ihm tritt die Kritik in kleinen Dosierungen auf. Er jammert über Kleinigkeiten, die Kritik ist selten offen, meist zwischen den Zeilen versteckt. *„Das ist schon wieder schiefgegangen!"* *„Findest du nicht, man sollte besser aufpassen beim Telefonieren?"* *„Es ist immer dasselbe, ...!"* Auf ein klärendes Gespräch reagiert er ausweichend. Er hat ja nur ganz allgemein gejammert!

Der Verallgemeinerer: Er stellt Kritik in Form allgemeingültiger Naturgesetze dar. *„Du kommst ständig zu spät!"* *„Du denkst immer nur an dich!"* *„Du beachtest nie das Rauchverbot!"* Solche Pauschalanschuldigungen gehen ins Leere, da der andere dagegen sofort eine Abwehrmauer errichtet. Diese Art von Kritik schafft unfehlbar Barrieren.

Der Übertreiber: Er neigt zu heftigen Gefühlsäußerungen, Kleinigkeiten werden zur weltbedrohenden Katastrophe. Er setzt sich gerne in Szene, benötigt eine Bühne oder zumindest weitere Zuhörer für seinen Auftritt. *„Es macht mich krank, mit anzusehen, wie du dich vom Chef in die Enge treiben läßt!"* *„Es ist einfach entsetzlich!"* *„Dein Verhalten ist unverzeihlich!"* Diese Übertreibungen prallen an uns ab, lassen uns kalt. Wir nehmen den Übertreiber nicht so ganz ernst, er hat eindeutig wieder einmal über das Ziel hinausgeschossen!

Der Eisberg: Er schweigt über sämtliche Mißstände, frißt alles in sich hinein bzw. haben alle rundum den Eindruck, an ihm würden Widrigkeiten abprallen wie an einem Eisberg. Nichts und niemand kann ihn so schnell aus der Reserve locken. Doch wehe, wenn das Faß einmal überläuft. Meist ist es nur eine Kleinigkeit, die aus dem Eisberg einen Vulkan werden läßt. Er spuckt plötzlich Gift und Galle, auch wenn der Anlaß eine so heftige Reaktion nicht rechtfertigt. *„Jetzt reicht's mir aber mit deinem ewigen Zuspätkommen! Kauf dir eine größere Uhr, wenn du die Zeiger nicht mehr erkennst!"* Solche Ausbrüche lassen uns oft sprachlos zurück. Was war das denn eben? Der sonst so friedliche Herr Müller wirft mit Beleidigungen um sich? Übertreibt er da nicht etwas? Seine Kritik ist dem Anlaß einfach nicht entsprechend, er ist zum „Übertreiber" geworden und wird auch so behandelt. Man nimmt ihn nicht so ganz ernst, er wird sich schon wieder in sein friedliches „Eisberg-Ich" verwandeln.

Der Revolverheld: Wie in einem billigen Wildwest-Film ballert er mit Kritik nur so um sich. Es ist dabei nicht so wichtig, wer warum getroffen wird, Hauptsache, möglichst viele „Leichen" pflastern seinen Weg! *„Ihr habt ja alle keine Ahnung, wie man mit schwierigen Kunden umgeht!" „Ihr seid wie die verängstigten Kaninchen, ohne Mumm in den Knochen!"* Es ergeht ihm aber leider wie seinem Pendant aus der Filmwelt Hollywoods – er gehört einer aussterbenden Gattung an, wirkt irgendwie gekünstelt und unecht. Die „Leichen", die er zurückläßt, sind meist nur scheintot, schon bald tummeln sie sich munter auf der Bühne, und nicht selten lachen sie über den einsamen Reiter.

Die Giftspindel: Ihre Stiche sitzen gezielt an der richtigen Stelle. Mit sicherem Gespür entdeckt sie die Achillesferse, die Stelle, an der Kritik besonders weh tut. Die Kritik ist nie besonders heftig, aber sehr subtil und treffsicher. *„Findest du nicht, deine neue Frisur ist etwas zu jugendlich? Damit versteckst man die ersten weißen Haare nicht! Steh doch zu deinem Alter!"* Solche „wohlgemeinten" Ratschläge können leicht in die falsche Kehle geraten. *„Soll sie* *doch lieber auf ihre eigene Frisur schauen"*, ist die trotzige Reaktion, das Gesprächsklima ist belastet, wir fühlen uns persönlich beleidigt.

Der Oberlehrer: Er weiß grundsätzlich alles besser und spart daher nicht mit Kritik an seiner Umwelt. Kritik ist hier immer mit einer Belehrung verbunden. Er meint es aber nur gut und kann nicht so ganz verstehen, warum seine Unbeliebtheit zunimmt. *„Wenn du auf mich hören würdest, wäre dir das nicht passiert. Ich sage ja immer, du mußt mehr auf die Details achten. Aber, wer nicht hören will, muß eben fühlen!"* Der so Angesprochene verdreht höchstwahrscheinlich die Augen zum Himmel und hofft, daß der unliebsame Besserwisser bald weiterzieht und sich ein anderes Opfer sucht.

Zugegeben, es ist nicht leicht, richtig mit Kritik umzugehen. Wir empfinden Kritik meist als negativ, als demütigend. Vor allem dann, wenn sie verallgemeinernd und persönlich verletzend vorgetragen wird. Damit wird Kritik zum Killer, die Chance zur positiven Veränderung wird zunichte gemacht. So schwer es auch manchmal fällt – versuchen Sie, Kritik als etwas Positives zu sehen, als Chance. **Versuchen Sie vor allem, den wahren Kern hinter der Kritik zu erkennen.** Oft sind Einwände und Beschuldigungen nur vorgeschoben, es wird um den heißen Brei herum geredet. **Wichtig ist immer die sachliche Klärung, nicht die emotionale Anschuldigung. Kritisieren Sie daher immer so, wie Sie selbst kritisiert werden möchten.**

Vermeiden Sie die typischen „Killer":

- Verallgemeinerungen: *„immer", „nie", „ständig"*
- unangemessene, übertriebene Kritik
- zeitlich unpassende Kritik
- Kritik vor Publikum
- unsachliche, emotionale Argumente

Es ist im persönlichen Gespräch wichtig, sehr bewußt zwischen Sache und Person, zwischen Tatbestand und Emotion zu trennen.

Ein einziges unbedachtes Wort kann beim anderen ein Fallgitter herunterfallen lassen und die Bereitschaft zur Verhaltensänderung untergraben.
Kritik gehört unter vier Augen vorgebracht. Nichts ist demütigender, als beispielsweise vor Kunden oder Mitarbeitern eine persönliche Kritik einstecken zu müssen. Wäre man sonst vielleicht bereit, über das Gesagte nachzudenken, zwingt diese „Bühnensituation" zur Abwehr.
Es gibt aber auch eine andere Art von Kritiküben: das schweigende Mißachten des anderen, sozusagen Kritik durch Übergehen. Auch dieses Verhalten schafft eine Barriere, die vor allem bei Mitarbeitern oder Kollegen erhebliche Unsicherheit bedingt und erst recht keine Verhaltensänderung zur Folge hat.

Hier noch einmal die fünf wichtigsten Punkte zur **konstruktiven Kritik**, zur Kritik ohne Hürden, zur Kritik, die dem anderen die Chance zur Veränderung gibt:

1. Unterstreichen Sie Ihre Kommunikationsbereitschaft durch einen **freundlichen Gesichtsausdruck** und durch eine **offene Körpersprache**. Das baut eine Brücke zum anderen, baut Hindernisse ab.

2. Kritik sollte immer **beschreibend und nicht bewertend vorgebracht** werden. Eine subjektive Bewertung des Tatbestandes drängt den anderen immer in die Defensive. Er steht der Kritik mit dem Rücken zur Wand gegenüber. Bereiten Sie daher für so ein Kritikgespräch sachliche, beschreibende Formulierungen vor, machen Sie sich Notizen, und halten Sie Fakten und Zahlen bereit. Je sachlicher Sie dabei vorgehen, desto besser. So vorbereitet ist die „Emotionsfalle" – in der Hitze des Gefechtes doch wieder auf Persönliches, Bewertendes zurückzugreifen – nicht so gefährlich!

3. Sprechen Sie in der **„Ich-Form"**, um Anschuldigungen, die wie Pfeile abgeschossen werden, zu vermeiden: *„Du tust immer ...", „Sie haben schon wieder ..."*. Beschreiben Sie besser, wie sich der Tatbestand aus Ihrer Sicht darstellt. So wird Kritik leichter annehmbar, verliert die Spitze. Vermeiden Sie dabei Vermutun-

gen, Behauptungen und vor allem Belehrungen. Stellen Sie statt dessen Fragen, lassen Sie auch den anderen zu Wort kommen, und hören Sie bewußt zu.

4. Ihre Kritik sollte stets **lösungsorientiert** und nicht schuldzuweisend sein. Beschreiben Sie dabei einerseits Ihr eigenes Gefühl und andererseits das Verhalten des anderen. Erläutern Sie danach die Wirkung bzw. die Konsequenzen aus diesem Verhalten. Vermeiden Sie vorschnelle Urteile. Vergessen Sie dabei nicht, den anderen mit seinem Namen anzusprechen!

5. Ihre Kritik muß **zeitlich passend** erfolgen, und zwar am besten unmittelbar nach dem Vorfall, der die Kritik auslöst. Ein Sündenregister, das einmal monatlich vom Abteilungsleiter bei der Mitarbeiterbesprechung vorgetragen wird, ruiniert nur das Betriebsklima und führt eher zur Kündigung als zur Verhaltensänderung!

Wer in der Sache kritisiert, dabei aber die Achtung vor der Person bewahrt, dessen Worte werden nicht so leicht verletzen. Wir spüren sehr genau, ob es dem anderen um eine sachliche, konstruktive Kritik oder um die eigene Profilierung bis hin zur Vernichtung des anderen geht. Sehen Sie daher Kritik als Chance, Ihre Gesprächskompetenz unter Beweis zu stellen und Barrieren im Gespräch zu überwinden.

Beschwerden als Hindernisse in der Kundenbeziehung

Beschwerden belasten das Verhältnis zum Kunden: Er ist unzufrieden, greift uns und/oder unser Produkt an, zweifelt an unserer Kompetenz, wird vielleicht auch noch ausfallend und beleidigend, stört unsere tägliche Arbeitsroutine – unsere Stimmung sinkt merklich gegen Null, unsere „Kundenorientiertheit“ tut sich schwer, die Oberhand zu behalten. Dabei hat der Tag doch so gut angefangen … Wenn Ihnen diese Situation bekannt vorkommt, stehen Sie sicher nicht alleine da – immer mehr Mitarbeiter werden speziell geschult, wie sie besser mit schwierigen Kundentypen und deren Beschwerden umgehen. Schöne Schlagworte zum Thema sind schnell gefunden:

„Jede Kundenbeschwerde ist ein Geschenk!"
„Jede Reklamation ist *die* Chance zur Verbesserung der Kundenbindung!"

Was aber, wenn wir das Geschenk im Moment nicht brauchen können, wenn uns nichts ferner liegt, als ausgerechnet an diesen widerlichen Kunden gebunden zu werden? Es ist nicht immer leicht, diese Grundsätze zu verinnerlichen. Meist behindern uns Kompetenzprobleme, Zeitmangel oder Angst vor allzu persönlichen Angriffen – außerdem sind uns Unzulänglichkeiten der eigenen Leistung ja selbst sehr unangenehm oder aber wir fühlen uns zu Unrecht beschuldigt. Wie auch immer der Fall liegt, wir sind keine lächelnden Maschinen, unsere Gefühle spielen uns bei der perfekten Kundenbetreuung oft einen Streich.
Es fällt leichter, eine heikle, unangenehme Situation nicht als Geschenk, sondern als persönliche Herausforderung zu sehen. „Ich will jetzt erst recht meine Professionalität beweisen, von so einem schwierigen Menschen lasse ich mich noch lange nicht aus der Bahn werfen!" So gelingt es uns leichter, richtig zu reagieren.

Wechseln wir einmal den Blickwinkel: Wie erlebt ein Kunde die Beschwerdesituation? Nehmen wir folgendes Beispiel:

Herr Hausmann hat sich vor Jahren eine Waschmaschine gekauft – ein hochwertiges Modell, eine solide Marke. Bisher gab es auch nicht den kleinsten Grund zur Klage, die Maschine hat den Wäscheberg von drei Kleinkindern mühelos beseitigt, war immer treu im Einsatz. Das Image der Marke war also denkbar gut in der Familie Hausmann! Doch plötzlich passiert das Unerwartete: Die Waschmaschine streikt, Herr und Frau Hausmann stehen verzagt vor einem überfluteten Badezimmer und einer Maschine, die nur mehr verzweifelte Rauchsignale von sich gibt. Sofort wird der „Kundendienst" kontaktiert. Überzeugt, sehr rasch Abhilfe zu finden, ist Herr Hausmann aufs höchste erstaunt, folgendes zu vernehmen: „Also, das kann ich mir nicht vorstellen, das kommt bei uns nie vor! Da haben Sie sicher etwas falsch gemacht!" Keine Rede von sofortiger Abhilfe, von einem Leihgerät oder zumindest menschlicher Anteilnahme. Ein anderer Fachdienst stellt fest, daß da wohl nichts mehr zu machen sei. Diese Erkenntnis war zwar nicht billig, aber sie bedingt den Kauf einer neuen Waschmaschine, natürlich beim Konkurrenzunternehmen. Als aber schon nach drei Tagen der Schlauch leckt und die Digitalanzeige verrückt spielt, beginnt Familie Hausmann mit dem Schicksal zu hadern. Doch die Dame am Kundentelefon der neuen Firma erweist sich als Engel: Sie hat echtes Verständnis für die Notlage, schickt sofort einen freundlichen und kompetenten Mitarbeiter vorbei und entschuldigt sich auch noch in aller Form! Kaum ist der Mangel behoben, ruft sie noch einmal an und erkundigt sich, ob auch wirklich alles in Ordnung sei. „Fehler können nun einmal passieren, aber wie die dort damit umgehen, das gibt uns ein gutes Gefühl. Dort kaufen wir jetzt auch noch unseren neuen Geschirrspüler!“ erzählt Frau Hausmann ihrer Nachbarin …

Kunden sind nicht von Natur aus bösartig, lästig und beleidigend. Sie haben ein Problem und hoffen, Hilfe zu bekommen. Sie wollen mit ihrem Anliegen ernst genommen werden, hoffen auf Verständnis. Sie erwarten einen Lösungsvorschlag. Hilft ihnen in so einer Situation der Kundendienst, sind sie meist gerne bereit, das Ausgangsproblem zu vergessen. Es ist also für die Kundenbindung nicht wichtig, ob einmal ein Problem auftritt. Viel wichtiger ist es, wie das Unternehmen dann mit der Situation umgeht. Hier liegt die Chance, hier kann jeder angesprochene Mitarbeiter beweisen, daß Slogans in den Werbebroschüren mehr sind als nur heiße Luft!
Eine unprofessionell behandelte Beschwerde aber wird zum Hindernis in der Kundenbeziehung, kann aus einem Stammkunden einen unzufriedenen „Querulanten“ machen.

Was gilt es also im **Umgang mit Kundenbeschwerden** zu beachten?

- Organisieren Sie das Beschwerdemanagement Ihrer Firma so, daß der Kunde die **Gelegenheit** hat, seinen **Unmut offen auszusprechen**. Erst wenn er Dampf ablassen kann, entschärft sich die für ihn ungute Situation, und er ist zu einem sachlichen Gespräch bereit. Nehmen Sie daher übertrieben emotionale Äußerungen des Kunden nicht persönlich – er meint nicht Sie als Person, sondern ärgert sich über seinen Zeitverlust, über die Unannehmlichkeiten, über das Mißgeschick als solches.

- Senden Sie dem Kunden, der zu Ihnen in die Firma kommt, das **„Ich habe dich bemerkt"-Signal**. Jeder Kunde – und ganz besonders ein verärgerter Kunde – braucht innerhalb von drei bis (maximal) zehn Sekunden ein Zeichen von Beachtung, ein „Ich nehme dich wahr"-Zeichen. Frust und Ärger entstehen meist erst dann, wenn wir als Kunden das Gefühl bekommen, einfach übergangen zu werden. Auch wenn der Impuls, vor einem verärgerten Kunden einfach zu flüchten, noch so groß ist, tauchen Sie nicht ab, drehen Sie dem Kunden nicht einfach den Rücken zu. Schenken Sie ihm einen kurzen Blickkontakt, ein kurzes Kopfnicken, eine freundliche Begrüßung – auch dann, wenn Sie gerade mit einem anderen Kunden befaßt sind.

- **Vermeiden Sie unklare, unüberschaubare Situationen für den Kunden.** Das verunsichert ihn und macht ihn leicht zum schwierigen Fall. *„Das weiß ich nicht!" „Da sind Sie bei mir aber ganz falsch! Wenden Sie sich doch an die Haushaltsgeräte-Abteilung im anderen Firmengebäude, die können Ihnen vielleicht weiterhelfen."* Am Weg dorthin hat der Kunde gerade genug Zeit, seinen Frust in Aggression umzuwandeln. Wehe den Mitarbeitern in der Haushaltsgeräte-Abteilung!

- Achten Sie auf das **Einhalten von versprochenen Rückrufen.** Besonders ein Kunde mit einem Reklamationsanliegen hat da eine geringe Toleranz!

- **Entgegnungen und Sätze wie** *„Das stimmt aber nicht!", „Das sehen Sie falsch!", „Da haben Sie unrecht!"* lassen alle Angriffsgeschoße beim Kunden in Stellung gehen. Sie bewegen sich damit auf der **emotionalen Ebene**, und damit auf sehr dünnem Eis. Einen Kunden dann wieder ans sichere Land der Sachlichkeit zu bringen, wird schwer!

- **Unterbrechen Sie den Kunden nicht**, lassen Sie ihn sein Anliegen schildern. So fühlt er sich ernst genommen, mit seiner Beschwerde akzeptiert. **Hören Sie** ihm in dieser Phase **genau zu**. Die Zeit, die Sie sich jetzt nehmen, ist gut investiert. Fragen Sie bei Unklarheiten noch einmal nach, zeigen Sie, daß Sie wirklich mitdenken. Mit Hilfe von Fragen können Sie ein für den Kunden riesiges Problem in kleinere, lösbare Teilprobleme zerlegen: „Welche Funktion der Maschine ist konkret nicht mehr in Ordnung?“

- **Verwenden Sie** gerade im Beschwerdegespräch immer wieder **den Namen des Kunden**. Er fühlt sich so persönlich angesprochen und wird nicht mehr aus der Anonymität des beleidigten Kunden heraus argumentieren.
- **Entschuldigen Sie sich für Fehler, gestehen Sie ein Fehlverhalten ruhig offen ein, das entwaffnet.** Aber vermeiden Sie übertriebene Entschuldigungen und „Es tut mir ja so leid!“-Beteuerungen, sie bringen das Gespräch erst recht wieder auf die emotionale Ebene zurück!
- **Geben Sie Ihrem Kunden den nötigen Raum – sowohl räumlich als auch zeitlich.** Ein Beschwerdekunde will nicht schnell zwischen Tür und Angel abgefertigt werden. Außerdem kann es für Sie von großem Vorteil sein, einem aufgebrachten Kunden die Bühne zu entziehen. Oder wollen Sie, daß alle Umstehenden Zeugen Ihrer Beschwichtigungsversuche werden? Ein Nebenraum, in dem Sie Ihr Gespräch in Ruhe führen können, ist da von unschätzbarem Vorteil!

Wenn Sie diese Tips beachten, ist es gar nicht so schwer, aus einem aufgebrachten Kunden wieder einen zufriedenen zu machen. Und jedes Erfolgserlebnis in diese Richtung motiviert zu neuen Höchstleistungen im Sinne von Kundenbindung. Vielleicht wird ja eine Beschwerde doch noch einmal zu einem Geschenk?

5.4 Wenn Gespräche ins Stocken geraten

Sie sitzen in einer wichtigen Besprechung. Sie haben sich gut vorbereitet, alle Unterlagen liegen übersichtlich vor Ihnen, Sie sind voll Optimismus. Es hat auch alles sehr gut begonnen: Der Leiter der „Gegendelegation“ war bester Stimmung, der einleitende Smalltalk verlief wie am Schnürchen. Nur gut, daß Sie sich gestern noch über seine Hobbys informiert haben, so war der Einstieg mit dem Thema Flugshow vom letzten Wochenende genau richtig. Und der gute Ein-

stieg ins Gespräch ist ja schon der halbe Erfolg, haben Sie erst im letzten Rhetorik-Seminar gelernt. Was sollte da noch schieflaufen? Doch plötzlich gerät das Gespräch ins Stocken. Einer der „gegnerischen" Gesprächsteilnehmer unterbricht ständig mit unnützen Fragen. Er entlarvt sich als absolut uninformiert und nicht vorbereitet. Was haben denn die für eine Arbeitsweise in ihrer Firma? Weiß der überhaupt, wo er ist? Ihr Unmut steigt, die Antworten auf die lästigen Zwischenfragen werden immer knapper. Jetzt beginnt auch noch Ihr Hauptkontrahent bereits als abgeklärt betrachtete Punkte neu aufzurollen. Sie haben zunehmend das Gefühl, auf der Stelle zu treten. Was in so einer Situation zu tun ist, hat der Schlaue aus dem Rhetorik-Seminar nicht verraten! Zeitweise lastet sogar unheilvolle Stille über dem Konferenzraum. Dabei hat doch alles so gut begonnen …

Was ist da passiert? Warum geraten anfänglich gute Gespräche plötzlich ins Stocken? Woher kommt die plötzliche Kluft zwischen den Gesprächspartnern?
Es gibt viele Gründe, warum **Barrieren in einem Gespräch** plötzlich auftreten, obwohl zunächst alles gut lief:

- Der gute Gesprächseinstieg hat uns leichtsinnig gemacht. Alles läuft so glatt, da können wir uns ja getrost innerlich zurücklehnen und die Dinge einfach laufen lassen. Die Konzentration hat nachgelassen. So bemerken wir die ersten Warnzeichen nicht. Wir werden plötzlich aus unserem Dämmerzustand gerissen und stellen erstaunt fest, daß uns die „Gesprächszügel" entglitten sind. Plötzlich sehen wir uns einem Hindernis gegenüber, und es fällt uns schwer, die volle Kraft auf eine Kurskorrektur zu konzentrieren.
- Wir haben uns sehr gut vorbereitet – fast schon zu gut! Unser Gesprächskonzept ist so „professionell", daß wir ungern davon abweichen. So sitzen wir in einer starren Schiene fest. Wir reagieren nicht flexibel genug auf die Veränderungen im Gespräch, gehen nicht auf die Argumente unseres Gegenübers ein. Das Gespräch läuft sich tot.
- Wer völlig unvorbereitet in eine Besprechung geht, fällt meist durch störende Zwischenfragen auf. Die anderen müssen ihn

immer wieder aufklären und informieren. Das ist lästig und unterbricht die Gedankengänge. Die Besprechung will nicht so recht vorankommen. Gelingt es nicht, den lästigen Zwischenrufer ruhigzustellen, kann so ein Verhalten eines einzelnen die gesamte Besprechung lähmen.

- Haben Besprechungen keine klare Zielsetzung, verlaufen sie sehr oft unbefriedigend. Keiner weiß genau, worum es gehen wird, niemand ist daher vorbereitet, jeder hat einen anderen Informationsstand. Wer das Ganze leitet, ist auch nicht so recht klar. So redet einfach jeder drauflos, es geht weniger um die Sache, sondern nur mehr darum, wer länger redet.
- Ein einziges falsches Wort kann ein bis dahin sachliches Gespräch plötzlich auf die emotionale Schiene bringen. Die Fronten verhärten sich, keiner will von seinem Standpunkt abweichen. Die Gegensätze werden immer größer, ein Konsens rückt in weite Ferne.

Was auch immer der Grund dafür ist, daß ein Gespräch ins Stocken gerät – eines haben alle Situationen gemeinsam: Es ist schwer, aus so einer Situation wieder herauszufinden. Besser wäre es gewesen, von Anfang an eine richtige Gesprächskultur zu pflegen. Gelingt dies aber nicht, ist es wichtig, die ersten Anzeichen zu erkennen. Je genauer wir zuhören, je besser wir unser Gegenüber beobachten, desto eher erkennen wir diese Anzeichen. Läßt mein Vis-à-vis immer wieder den Blick abschweifen, rutscht es unruhig am Stuhl umher, wandern seine Beine immer wieder vor und zurück, befindet es sich innerlich schon auf der Flucht. Wird mein Gesprächspartner nicht rechtzeitig wieder „ins Gespräch zurückgeholt", ist das Gespräch gelaufen.

Nicht nur die Körpersprache des Gegenübers verrät die drohende Gefahr. Auch Formulierungen, wie *„Moment, das muß ich mir noch einmal genau anschauen!"* oder *„Also, das sehe ich grundsätzlich anders!"* deuten auf unsichtbare Hürden. Wer den Gesprächsinhalt grundsätzlich hinterfragt, fühlt sich in die Enge getrieben. Es geht ihm dabei nicht um die Klärung von Sachfragen, sondern um Abwehr. Er fühlt sich überfordert, und die Gefahr, daß er sich ganz aus dem Gespräch zurückzieht, ist groß.

Ein weiteres Warnzeichen ist der vermehrte Einsatz von emotionalen Äußerungen. Wer sich von der Sachebene wegbewegt, läuft eher Gefahr, sich im Gespräch „einzuigeln". Er wird unzugänglich für logische Argumente und beharrt stur auf seinem Standpunkt.

Sechs Schritte zur „Kurskorrektur"

Es ist wichtig, als **ersten Schritt** das Gespräch wieder auf die sachliche Ebene zu bringen. Nur dort können wir Hindernisse mit logischen Argumenten aus dem Weg räumen. Auf der sachlichen Ebene fühlt sich der andere nicht so sehr angegriffen, er lockert seine Verteidigung. Es fällt uns eben leichter, in der Sache nachzugeben als im persönlichen Bereich. Wo wir uns als Person angegriffen fühlen, bleiben wir stur.

Der **zweite Schritt** ist die Suche nach einem gemeinsamen Nenner, mag er auch noch so klein sein. Gehen Sie in Ihrer Verhandlungstaktik lieber einen Schritt zurück, um zu diesem kleinsten gemeinsamen Nenner zu finden. Lieber ein kleiner Fortschritt als ein großer „Scheinsieg". Von diesem gemeinsamen Punkt aus läßt es sich leichter weiterverhandeln, können alle Beteiligten das Gespräch wieder weiterführen, ohne das Gesicht zu verlieren.

Vermeiden Sie als **dritten Schritt** in so einer schwierigen Phase Behauptungen und Feststellungen. *„Also, so ist das nun einmal, das ist eine Tatsache!"* – solche Sätze treiben den anderen noch mehr in seine Verteidigungsstellung, machen die Kluft noch unüberwindlicher. Viel besser ist es, Fragen zu formulieren: „Wie sehen Sie diese Tatsache?" „Was sagen Sie zu ...?" Damit wird das Gespräch geöffnet, der andere fühlt sich ernst genommen, seine Meinung zählt.

Schroffe Kritik sollten Sie im **vierten Schritt** ebenfalls mit Gegenfragen beantworten. Wird der andere gezwungen, seine Gedanken, seien sie auch noch so kritisch, noch einmal zu formulieren, läßt sich Kritik entschärfen. Denn meist ist die zweite Formulierung weniger heftig, weniger schroff.

Versuchen Sie im **fünften Schritt** dem anderen klar zu machen, welchen Nutzen er aus der Fortführung des Gespräches ziehen kann. Es ist sicher nicht in seinem Interesse, kein Gesprächsergebnis zu erzielen. Wenn Sie auch inhaltlich nicht einer Meinung sind, so haben Sie doch hier ein gemeinsames Ziel. Und gemeinsam lassen sich Krisensituationen nun einmal leichter lösen!

Wenn wirklich gar nichts mehr weitergeht, die Fronten endgültig verhärtet sind und nur mehr die Emotionen sich aufschaukeln, ist es als **sechster Schritt** sinnvoll, die Sache für eine Weile ruhen zu lassen. Schlagen Sie eine Pause vor oder gleich einen anderen Gesprächstermin, an dem die Besprechung fortgesetzt werden soll. Die Wogen haben sich bis dahin sicher etwas geglättet, jeder hatte Zeit, seinen Standpunkt noch einmal zu überdenken und nach Kompromißvorschlägen zu suchen.

Wenn bei einer Rede plötzlich die Luft ausgeht

„Mir fehlten plötzlich die Worte – alle Augen waren auf mich gerichtet, und ich brachte nicht einen einzigen Ton heraus! Mein schönes Konzept war wie weggeblasen, aus meinem Gehirn gelöscht – nichts als bedrückende Stille, in mir und im Saal!“

Wer diese Situation schon einmal erlebt hat, der weiß, wie schrecklich solche „Blackouts“ sein können. In Bruchteilen von Sekunden macht sich Weltuntergangsstimmung breit. Warum uns manchmal plötzlich der Faden reißt, ist nicht einfach zu erklären. Unser Gehirn ist ein hochkompliziertes Ding und funktioniert nicht immer wie eine Präzisionsmaschine. Eine kurze Konzentrationsschwäche, vielleicht ausgelöst durch eine flüchtige Gefühlsregung, genügt oft schon. Jeder Redner, auch der begnadetste, kennt diese Momente!

Doch wie reagieren wir in solchen Augenblicken? Einfach mit hochrotem Kopf die Unterlagen zu durchwühlen, den Blick hilfesuchend durch den Raum gleiten zu lassen oder fluchtartig das Rednerpult zu verlassen, bringt wenig.

Es ist wichtig, zunächst einmal tief durchzuatmen und dadurch die innere Blockade zu lösen. Senken Sie dabei die verkrampften Schultern nach unten, und atmen Sie vor allem in den Bauch! So können Sie sich in Sekundenschnelle wieder entspannen. Die kurze Pause, die dabei entsteht, tut meist auch Ihren Zuhörern gut und wird nicht als unangenehm empfunden. Manchmal findet sich der verlorene Faden dann wie von selbst wieder.

Gelingt das nicht, ist es ratsam, einfach das zuletzt Gesagte noch einmal zu wiederholen. **Formulieren Sie den letzten Gedanken noch einmal, oder fassen Sie das Wichtigste des bisher Gesagten zusammen.** Auch das kommt dem Zuhörer entgegen, es hilft ihm, das Bisherige besser zu „verdauen“. Vielleicht hat er ja gerade die gleiche „Aufnahmesperre“? Vielleicht war Ihr Blackout nur die überfällige „Notbremse“ für alle Beteiligten?

Sollte der wirklich von allen Rednern gefürchtete Fall eintreten, daß Sie auch das zuletzt Gesagte plötzlich nicht mehr wissen, hilft nur eines: **Stellen Sie dem Publikum eine Frage:** „Hat jemand von Ihnen zu meinen bisherigen Ausführungen eine Frage? Es erscheint

mir wichtig, Unklarheiten jetzt gleich zu klären!“ Etwaiges Feedback aus dem Publikum bringt Sie dann sicher wieder auf die richtige Spur zurück. Und sollte das Publikum hartnäckig schweigen, so haben Sie zumindest wertvolle Zeit gewonnen!
Zum Trost aller Redner muß gesagt werden: Solche „Blackouts“ dauern meist nur sehr kurz, das Unheil verzieht sich genauso schnell, wie es gekommen ist!

Die zwei Holzwürmer machen Theater 3

Eines Tages, irgendwo zwischen siebenter und achter Reihe Parkett, hatte der ältere Holzwurm eine Wahnsinnsidee:

„Warum schreiben nicht wir einmal ein Theaterstück? Tagtäglich sehen und hören wir diesen Mist, den die Menschen Kunst nennen! Das können wir doch sicher besser!"

„Hm", grunzte der junge Holzwurm, der gerade irrtümlich ein Stück Plüschpolsterung erwischt hatte, „warum eigentlich nicht? Wäre einmal eine Abwechslung!" (Wie wir wissen, hatte er etwas übrig für Abwechslungen.)

„Ja, so ein richtiges Drama, voll Gefühl und Leidenschaft, voll Spannung und unerwarteten Wendungen! Ich höre schon den donnernden Applaus von den Rängen!" ereiferte sich der Ältere, der sich schon am Theaterhimmel verewigt sah.

Also machten sie sich ans Werk. Es wurde ein Feuerwerk an Einfällen, sie packten alles hinein, was sie so in ihrer langen Karriere als Theaterholzwürmer erlebt und gesehen hatten. Da gab es Zwerge, die sich in Riesen verwandelten, Liebespaare, die sich nach langen Irrwegen endlich fanden, um dann erst recht dramatisch wieder auseinandergerissen zu werden, poetische Monologe, heftige Streitgespräche, Eifersuchts- und Massenszenen – von jedem etwas. Auch der zeitkritische Aspekt kam nicht zu kurz: Ein weiser Alter rollte mit dem Skateboard auf die Bühne, die Unschuld trat schwarz gekleidet mit Whiskeyglas und Zigarette auf, und der Tod im großen Finale war als Manager mit Nadelstreif ausgestattet. Es mußte einfach ein Meisterwerk werden!

Voller Stolz luden die beiden die anderen Theater-Holzwürmer zu einer Leseprobe ihres Stückes ein. Diese krochen wohlwollend aus den Brettern, die ihre Welt bedeuteten, und horchten geduldig zu, ganz ohne den Vortrag durch schmatzende Bohrgeräusche zu stören.

„Na, wie findet ihr es?" fragte der jüngere Holzwurm erwartungsvoll in die Runde.

„Also, wenn ihr mich fragt", räusperte sich einer der Zuhörer, „ist es ja ganz nett, was ihr da geschrieben habt, aber warum spielt das Stück ausgerechnet in der Menschenwelt?"

„Er hat recht", mischte sich da ein anderer ein, „die Menschen nehmen sich ohnehin schon viel zu wichtig!"

„Ja, aber wo sonst gibt es denn so viel Dramen, so viel Mißverständnisse, so viel Freud' und Leid wie zwischen den Menschen?" verteidigte einer der aufgebrachten Autoren das eigene Werk.

Der Jüngere kam ihm zur Hilfe: „Bei uns Holzwürmern gäbe es nie genug Stoff für ein Theaterstück: Wenn wir uns ärgern, sagen wir es einfach, wenn wir uns freuen, grunzen wir fröhlich, und ansonsten fressen wir friedlich und ereignislos vor uns hin! Das hat überhaupt keine Dramatik, keine Action! Wenn ihr glaubt, daß das einen Stoff für ein Theaterstück hergibt, seid ihr aber mächtig am Holzweg! Nur die Menschen mit ihren ewigen – zwischenmenschlichen! – Problemen liefern Stoff zu wortgewaltigen Dramen!"

„Ach, die Menschen …", seufzte ein Holzwurm und begab sich zufrieden wieder auf seinen Holzweg.

6 Emotionale Barrieren

6.1 Aus Gefühlen werden Gedanken

Der Bewerber rutscht unruhig auf seinem Stuhl umher. Die Füße wandern vor und zurück. Versuchsweise verschränkt er die Arme, genauso wie der Personalchef, der ihm gegenüber sitzt. Ihm ist irgendwie heiß, die Krawatte ist zu eng, und der kleine Fleck auf seinem linken Hosenbein erscheint ihm plötzlich auffällig groß. Warum hat er heute ausgerechnet diesen Anzug angezogen? Der hat ihm noch nie Glück gebracht! Aber wahrscheinlich ist dieses Unternehmen, diese Stelle ohnehin nicht das Richtige für ihn! Die Arbeit ist sicher langweilig, die Kollegen mißgünstig und der Chef ein Sklaventreiber …

Wir reagieren auf die versteckten Signale unserer Umwelt nicht bewußt. Die Körpersprache unseres Gegenübers, die Atmosphäre im Raum, der Platz, wo wir sitzen, das alles nehmen wir oft nur unbewußt wahr. Deshalb reagieren wir auf diese Dinge zunächst nur gefühlsmäßig. Unsere Gefühlsebene sendet Impulse aus, und zwar:

- den Impuls, zu flüchten,
- den Impuls, uns zu verteidigen,
- den Impuls, anzugreifen.

Diese Reaktionen laufen in unserem Inneren blitzschnell ab. Das ist schon seit Menschengedenken eine wichtige Voraussetzung zum Überleben. In gefährlichen Situationen haben wir nicht lange Zeit für Analysen, wir müssen schnell reagieren. Wurden unsere Steinzeit-Vorfahren bedroht, haben sie sich blitzschnell entschieden: Renne ich einfach weg, wehre ich den Angriff mit meiner Keule als Schutz ab, oder schwinge ich diese gleich selbst in Richtung des vermeintlichen Gegners?
Wir reagieren ganz ähnlich, nur ohne gleich die Keule zu schwingen. Unsere Waffen sind meist nur die Worte. Wir sind einfach zivilisierter geworden. Nach einer scharfen Wortattacke fällt es auch leichter, Mißverständnisse doch noch aufzuklären. Habe ich den

vermeintlichen Gegner erst einmal erschlagen, kann ich ihn schwerlich fragen, ob er mir denn auch wirklich Böses wollte.
Wenn also Worte auch weniger tödlich sind als Waffen, so sind unsere Spontanreaktionen nicht immer ungefährlich. Wie im eingangs geschilderten Fall bleiben diese Gefühlsimpulse nicht nur auf der emotionalen Ebene, sondern wandern direkt weiter in unsere Gedankenwelt. Sie werden so zu Auslösern für unsere Gedanken, für unsere Meinungen. Wir wandeln somit Gefühle in Gedanken um.
Und dabei lügen wir uns auch noch selbst in die Tasche. Wir sagen uns nicht etwa: „Ich fühle mich hier nicht wohl. Den Grund erkenne ich im Moment zwar nicht, aber ich vermute, es hängt mit der Atmosphäre in diesem Unternehmen zusammen. Vielleicht ist das Betriebsklima hier wirklich nicht so gut?" Nein, wir sind vielmehr felsenfest überzeugt, die Situation genau zu durchschauen: *„So ist es, das sieht doch ein Blinder, das hat mit Gefühlen überhaupt nichts zu tun!"*
Wer die für diese Meinung verantwortlichen Gefühle nicht nachvollziehen kann, empfindet solche Gedankengänge als unlogisch. Vielfach wird besonders uns Frauen diese Denkart unterstellt. Doch immer mehr Psychologen kommen zu dem Schluß, daß es sich dabei um allgemeinmenschliche Verhaltensweisen handelt. Bis hin zum obersten Top-Management werden die meisten Entscheidungen aufgrund von Emotionen getroffen. Und es kann wohl niemand behaupten, daß im Top-Management die Frauen die Mehrheit stellen würden ...

Gefühle bestimmen unsere Gedanken. Doch das wollen wir uns meist nicht eingestehen. Wir suchen für diese Gefühle nach logischen Erklärungen, finden alle möglichen logischen und auch weniger logischen Argumente, warum unsere Meinung auch objektiv richtig ist. Wir versuchen also, unsere subjektiven Emotionen zu objektivieren. Denn offiziell haben so viele Emotionen in unserer von Logik dominierten Welt keinen Platz.
Da liegt eines der Hauptprobleme: Wir lassen diese „Auslösergefühle" nicht gerne zu. Wir verdrängen sie und meinen, immer nur mit dem Verstand zu reagieren. Damit schütten wir sehr gerne das Kind mit dem Bad aus, denn unsere Gefühle führen uns ja nicht

immer in die Irre. Vielleicht hat der Bewerber um den Traumjob im Eingangsbeispiel allen Grund, auf seine Gefühle zu hören. Vielleicht tut er wirklich besser daran, seinem Fluchtimpuls zu folgen und es woanders (mit neuem Anzug!) zu probieren?
Unsere Intuition, unser erstes Gefühl, ist nicht immer falsch. Wichtig ist jedoch, es auch als solches zu erkennen und sich bewußt zu machen, was so ein Gefühl in uns auslöst. Warum war mir der andere auf Anhieb so unsympathisch? Lag es an seiner ablehnenden Körpersprache, an dem Dialekt, den ich nicht ausstehen kann, oder an der braun-beige gestreiften Krawatte, die mich an meinen ungeliebten Mathematiklehrer erinnert?

6.2 An der Spitze des Eisberges zerschellen nicht nur „Titanen"

Als erstes riß der Knopf vom Lieblingshemd ab. Das zweitliebste Hemd war nicht gebügelt, also mußte irgendeine Alternative her.

Beim Frühstück erfuhr er, daß am Abend seine „Lieblingsschwiegermutter" zu Besuch kommen würde. Als dann auch noch sein Auto nicht anspringen wollte, benötigte er schon einiges an innerer Kraft, um Ruhe zu bewahren. Es konnte ja nur mehr besser werden – doch leider weit gefehlt! Schon beim Betreten seines Büros eröffnete ihm seine Sekretärin, daß der Bericht für den Vorstand noch nicht fertig sei, da der Kopierer kaputt war. Ein wichtiger Neukunde sagte seinen Termin ab, und ein neuer Mitarbeiter wollte ihn auch unbedingt sprechen. Er versuchte tapfer, Ruhe zu bewahren. Schließlich war er ja bekannt als „der Mann mit den eisernen Nerven" und saß nicht zuletzt deswegen auf dem Chefsessel. Also lächelte er und lächelte, bis ihm das Gesicht weh tat. So schaffte er es, den aufgebrachten neuen Mitarbeiter zu beruhigen und auch die drohende Kündigung seiner Chefbuchhalterin abzuwenden, indem er ihr erlaubte, jeweils vormittags ihren Hund („Aber bitte schon mit Beißkorb, Frau Huber!") ins Büro mitzubringen. Als dann aber die neue, junge Sekretärin vorsichtig den Kopf in sein Büro steckte, um ihm mit unsicherer Stimme zu verkünden, daß seine Schwiegermutter am Telefon sei, platzte ihm der Kragen. „Hinaus, verdammt noch mal!! Kann man denn in diesem Haus nie in Ruhe arbeiten? Und haben Sie nichts Besseres zu tun, als mit meiner Schwiegermutter zu telefonieren?" schrie er die völlig Entgeisterte an ...

Eine alltägliche Situation. Wir schleppen die kleineren und größeren „Frusterlebnisse" mit uns umher, bis es uns zuviel wird. Wann dieser Punkt erreicht ist, hängt von der persönlichen Leidensfähigkeit, der Tagesverfassung und vielen anderen Umständen ab. Doch irgendwann platzt jedem einmal der Kragen. Wie bei einem Druckkochtopf muß der überschüssige Dampf entweichen. Das Problem ist nur, daß wir keinen Meßanzeiger haben, der der Außenwelt signalisiert, wann es soweit ist. Der Ausbruch erfolgt sehr oft unerwartet.

Wir wissen ja nicht, was im Verlauf des bisherigen Tages unserem Gesprächspartner schon alles zugestoßen ist, mit welchen Widrigkeiten des Schicksals er schon zu kämpfen hatte. Die kleinen, versteckten Zeichen des drohenden Vulkanausbruches übersehen wir in der Hektik des Alltages. Das verkrampfte, maskenhafte Lächeln deuten wir nicht als letzten Versuch, sich zu beherrschen. Das Zäh-

neknirschen – es entsteht durch das verzweifelte Aufeinanderpressen der Kiefer –, das nur ja den ärgerlichen Wortschwall daran hindern soll, an die Außenwelt zu gelangen, überhören wir. Und so trifft uns Gift und Galle völlig unvorbereitet, und wir fragen uns: „So ein jähzorniger Typ! Was ist denn plötzlich in den gefahren?"
Gerade im Berufsleben sind solche „Überraschungsausbrüche" besonders häufig. Das kommt daher, daß wir uns im „offiziellen Leben" viel mehr zu beherrschen versuchen als im Privatleben. Ehepartner, Kinder und Schwiegermütter wissen davon ein Lied zu singen. Was man zu Hause einfach so verbal in die Luft schleudert, wäre im Büro nicht die geeignete Argumentationstechnik. Mitarbeiter, Chefs und Kunden sind nicht durch Familienbande an uns gebunden. Eskaliert die Situation zu Hause, gibt es ja noch die Ehe- und Familienberatungsstelle. Wo aber ist die Beratungsstelle für gefährdete Kunden- oder Mitarbeiterbeziehungen?
Unsere Berufswelt ist – wie schon erwähnt – von starker Logik geprägt. Zumindest müssen wir diesen Schein stets wahren. Auch wenn es in uns noch so brodelt und gärt, nach außen sind wir ganz verbindlich, professionell und vernünftig. Nur ja keine Gefühle durchblitzen lassen, schon gar nicht negative! Das wäre ein eindeutiges Zeichen von Schwäche, würde uns angreifbar machen. Lieber alles hinunterschlucken, verdrängen oder notfalls daheim abladen. So zeigen wir unseren Geschäftspartnern nur unsere kühle Fassade, agieren logisch und scheinbar ausschließlich „gehirndominiert". Doch unter der sichtbaren Oberfläche braut sich Gefahr zusammen. **Wie bei dem berühmten Eisberg zeigt sich nur die Spitze, nur unsere „Verstandesseite". Die riesige Macht der Gefühle lauert unsichtbar unter dem Wasserspiegel.** Und so manchem Kunden und Mitarbeiter ergeht es wie den Unglücklichen der Titanic: Sie erkennen die Gefahr zu spät und laufen auf Grund.

Dieses Verdrängen der negativen Gefühle ist aber nicht nur für die anderen bedrohlich. Die eigentliche Gefahr lauert auch in unserem Körper. **Der Verdrängungsmechanismus führt zu Streß, der uns belastet.** Können wir diesen Streß nicht abbauen – zum Beispiel durch ausreichend Bewegung –, macht er uns schnell krank. Bei der tagtäglichen Anstrengung, unseren emotionalen Streß zu unterdrücken und Ausbrüche zu verhindern, verspannt sich unsere

Muskulatur. Das führt zu Schmerzzuständen, etwa im Rücken oder im Kopf. Schlaflosigkeit und Konzentrationsprobleme sind weitere Folgen. Nicht selten folgen noch ernsthaftere Erkrankungen. Und alles nur, weil wir krampfhaft versuchen, den „coolen" Schein zu wahren! Ein hoher Preis, wie wir meinen …

Was aber tun gegen diese „Übermacht" an Gefühlen? Sie einfach sofort ausleben? Dem Chef beim ersten Anlaß ungeschminkt die Meinung sagen? Dem lästigen Kunden die Tür ins Gesicht knallen? Oder einen großen Sandsack ins Büro hängen, der notfalls als „Ersatzopfer" alles einstecken muß?
Wichtig erscheint uns in erster Linie, bewußter mit unseren Gefühlen umzugehen. **Wenn wir erkennen, was uns so frustriert, und uns auch noch die Zeit nehmen, zu ergründen, warum das so ist, können wir unsere Gefühle besser in den Griff bekommen.**
Unser modernes Gesellschaftsgefüge zwingt uns nun einmal dazu, auch mit unliebsamen Menschen und Situationen zurechtzukommen. Versuchen wir aber nicht immer nur logische Erklärungen dafür zu finden, warum wir diesen oder jenen Menschen nicht mögen. Gefühle lassen sich nun einmal leichter in den Griff bekommen, wenn wir sie als das erkennen, was sie sind – spontane und sehr subjektive Empfindungen – und keine logischen, objektiven Tatbestände.

Achten Sie aber auch bei Ihren Mitmenschen auf die versteckten Anzeichen von unterdrückten, verleugneten Gefühlen. **Nehmen Sie vor allem plötzliche, scheinbar unbegründete Gefühlsausbrüche nicht persönlich.** Sie waren eben zufällig das nächste „Opfer" in seiner Schußlinie. Wenn Sie die menschliche Größe aufbringen, gelassen und sachlich zu bleiben, wird es dem anderen sicher bald leid tun. Wenn Sie Verständnis bekunden, ihm auf der emotionalen Ebene entgegenkommen, kann aus so einer Situation durchaus eine in Zukunft sehr positive Beziehung entstehen.

Wie glauben Sie, geht die eingangs geschilderte Situation weiter?

- *Die junge Sekretärin zieht verängstigt den Kopf ein, murmelt eine unverständliche Entschuldigung und flüchtet Hals über Kopf aus dem Chefbüro. So hat sie sich ihren neuen Job nicht vorgestellt – und dabei hat der Chef beim Einstellungsge-*

spräch so nett gewirkt! Sie läuft auf die Toilette, wo sie ihren Tränen freien Lauf läßt. „Vielleicht hat mein Vater doch recht, wenn er immer sagt, ich sei zu unkonzentriert bei der Arbeit! Sicher ist der Chef nicht mit mir zufrieden, ist ja auch kein Wunder, wo er doch diese tolle Chefsekretärin hat!" Unglücklich betrachtet sie ihr verheultes Gesicht im Spiegel. Die Schwiegermutter am Telefon ist längst vergessen …

- *Die junge Sekretärin verläßt kopfschüttelnd das Büro ihres Chefs. „Also, so etwas ist mir noch nie passiert! Hab ich denn das notwendig, mich so beschimpfen zu lassen? Was kann denn ich dafür, daß der seine Schwiegermutter nicht leiden kann!" So und ähnlich schimpft sie vor sich hin, und das ganze Büro hört ihr zu. Einige nicken verständnisvoll, andere denken sich: „Na, die wird sich auch noch an die Härten des Büroalltags gewöhnen! Die Launen des Chefs zu ertragen gehört da einfach dazu. Dabei haben wir ja eh noch Glück mit unserem Chef, die sollte mal den Leiter der Marketingabteilung kennenlernen!" Unsere Jungsekretärin aber steigert sich so richtig in ihr Leid ob der erlittenen Ungerechtigkeit hinein. Kaum kann sie sich auf die Tagesaufgaben konzentrieren, und jede Anweisung des Chefs wird in Zukunft argwöhnisch hinterfragt. Selbst als er sich wegen seines Ausbruches entschuldigt, sieht sie darin nur ein Eingeständnis seiner Unfähigkeit. Schließlich kündigt sie nach einiger Zeit, auf der Suche nach einem besseren Chef …*
- *Die sprachlose junge Dame verläßt ratlos das Büro ihres Chefs. Irgendwie schafft sie es noch, der verärgerten Schwiegermutter am Telefon mitzuteilen, daß ihr Schwiegersohn in einer Besprechung und daher nicht zu erreichen sei. Ihre Verstörung fällt der älteren Kollegin auf, sie geht mit ihr Mittag essen und läßt sich den unliebsamen Vorfall erzählen. „Ich weiß überhaupt nicht, was ich davon halten soll! Was habe ich dann falsch gemacht?" „Ach, nimm das ja nicht zu tragisch! Unser Chef ist eben auch nur ein Mensch! Wie ich ihn kenne, tut es ihm eh schon leid, daß er dich so angefaucht hat. Seine Schwiegermutter ist aber auch wirklich eine komische Person. Stell dir vor, neulich hat sie doch glatt die Vorstandssitzung*

unterbrochen, weil es sich angeblich um einen Notfall handelte. Dabei war nur ihr Kanarienvogel ins Aquarium gefallen, und er kann ja nicht schwimmen, der Arme!“ Beide lachten herzlich, und der jungen Sekretärin war eindeutig leichter ums Herz. Als sich der Chef auch noch bei ihr entschuldigte und sie ihm mit einem „Ach, ist schon längst vergessen, ich weiß ja, daß Sie mich nicht persönlich beleidigen wollten!“ antwortet, kommt sie sich schon sehr professionell vor. „Hier will ich Karriere machen“ denkt sie zufrieden …

6.3 Machtspiele ohne Spielregeln

Diese junge Dame hat es ja noch gut, werden Sie jetzt vielleicht sagen: Ihr Chef entschuldigt sich wenigstens, wenn er einen Fehler macht. Bei vielen Vorgesetzten gehört es einfach dazu, daß ihre „Sklaven“ alle Launen ertragen. Manch ein Chef hätte tatsächlich der armen Sekretärin die Schuld gegeben und den Vorfall zum

Anlaß genommen, über junge Sekretärinnen und unfähige Mitarbeiter ganz allgemein herzuziehen. Wo steht denn geschrieben, daß es nicht zu den Vorrechten eines Chefs gehört, seine Wut nicht hinunterschlucken zu müssen?
Doch so einfach haben es auch Chefs nicht. Es gibt nun einmal gesellschaftliche Spielregeln, die festlegen, wie wir uns zu verhalten haben. Wer ständig dagegen verstößt, der verliert die Achtung und die Anerkennung der anderen. Aber auch Vorgesetzte brauchen Anerkennung. Wer von seinen Mitarbeitern nicht mehr geachtet ist, hat es schwerer, seinen Machtanspruch weiter zu wahren. Die Zeiten uneingeschränkter Machtausübung sind endgültig vorbei. Die richtige Mitarbeiterführung gehört heute zu einer der wesentlichsten Managementfähigkeiten. Despoten haben ausgedient.
Oder doch noch nicht so ganz? Gibt es sie nicht noch vereinzelt in den Chefetagen? Haben sie sich vielleicht nur etwas getarnt mit einem Schuß „kooperativer Führungsstil“? Die Methoden der Machtausübung sind oft nicht mehr so eindeutig und klar erkennbar. Sie treten versteckt auf und sind daher um so gefährlicher. Ehe es ein Mitarbeiter merkt, ist er schon in der Falle: der Chef hat ihn genau da, wo er ihn haben will, ohne Widerspruch und Gegenwehr. Diese subtile Form des Despotismus funktioniert viel effektiver – Spielregeln dafür sind nicht in Sicht!
Wie werden diese Machtspiele sichtbar? Welcher subtiler Mittel und versteckten Signale bedienen sich die „neuen Despoten“?

Machtmittel Chefbüro

Nirgends sonst ist die Macht des Chefs so spürbar wie im Zentrum dieser Macht, in seinem Büro. Es ist sein Reich, sein ureigenstes Territorium. Die Szenerie ist nicht selten sehr imposant: Ein riesiger, meist leerer Schreibtisch – in edlem Holz gehalten – mit einem nicht minder beeindruckenden „Chefthron“ in schwarzem Leder dahinter beherrscht die Szenerie. Dazu ein Besprechungstisch vom Edeldesigner, ein paar Werke zeitgenössischer Kunst an den Wänden und eine beeindruckende Panoramasicht hinter der Glasfront.
Das einzig Ärmliche in diesem Büro ist der Besucherstuhl: klein, niedrig und ohne Armlehne. Und genau da landet der Mitarbeiter.

Da hilft auch der joviale Ton des Chefs wenig, die Karten sind ungleich verteilt. Wer in so einer Situation bestehen will, braucht nicht nur viel Selbstvertrauen und gute Argumente, der braucht vor allem eine große Portion Gelassenheit. Entscheidende Siege sind bei so ungleichen Positionen für den Mitarbeiter kaum zu erlangen.

Machtmittel Körpersprache

Der sichere Rückhalt von Macht und Einfluß spiegelt sich nicht nur in der Umgebung – auch die Körpersprache läßt keine Zweifel aufkommen, wer hier der Boß ist. Jede Bewegung drückt überlegene Stärke aus. Unbewußt weiß das Gegenüber genau, was diese „Machtgesten" fordern: Anerkennung der Macht, Unterwerfung.

Da ist zunächst der hocherhobene **Kopf**. Wie schon im ersten Kapitel erwähnt, zählt der Hals zu unseren beweglichsten, aber auch zu unseren verletzlichsten Körperteilen. Ein Biß in den Hals ist tödlich. Daher ist – ähnlich wie in der Tierwelt – ein übertrieben zur Schau gestellter Hals ein Zeichen von Überheblichkeit, von Provokation. Man fürchtet den anderen nicht, man traut ihm erst gar nicht zu, einen tödlichen Biß zu wagen. Geht der Kopf dabei auch noch immer wieder leicht nach vorne bzw. nach oben, ist diese provokante Geste des Chefs der eines Kampfhahnes nicht unähnlich.

Mit den **Händen** demonstriert der überlegene Chef, daß er in jeder Situation alles fest im Griff hat. Die Handflächen sind dabei sehr oft nach unten gerichtet – es soll nur ja nichts „aufkommen", die Unterdrückung wird angedeutet. Die Gesten sind ruhig und doch raumgreifend. Hektische und fahrige Bewegungen verraten Unsicherheit, das Gegenteil ist hier der Fall. Die Bewegungen sind daher eher statisch, man fühlt die Kraft dahinter. *Sehr oft wandern die Fingerspitzen gegeneinander – ein Zeichen von „Auf den Punkt bringen"* (siehe Grafik S. 166 links), von geistiger Dominanz. Wer die Fakten so im Griff hat, der argumentiert zielsicher, der hat den Überblick. *Richten sich die aneinander gelegten Fingerspitzen nach vorn* (siehe Grafik S. 166 rechts), duldet der Chef absolut keinen Widerspruch, wie mit einem „Eisbrecher" will er seine Meinung durchgesetzt wissen.

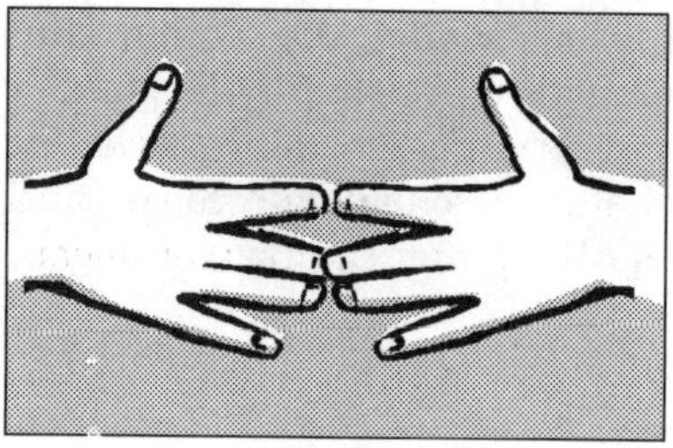

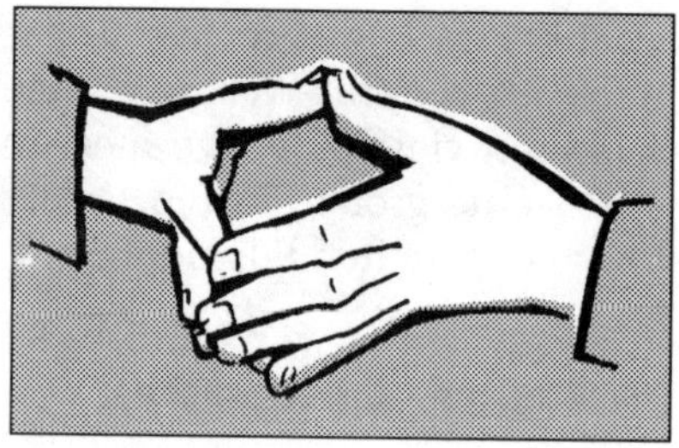

Ist der arme Mitarbeiter gerade dabei, seine Meinung kundzutun, hört ihm der Chef mit verschlossener Miene zu. Das anfängliche „Strahlerlächeln für Mitarbeiter“ ist kaum mehr auszunehmen. Doch plötzlich geht unmerklich eine **Augenbraue** hoch. Der Blick wird dadurch zweifelnd, er drückt aus: „Also, lieber Mitarbeiter, so einfach, wie du dir das aus deiner Sichtweise von da unten vorstellst, ist das nicht!“
Hebt der Chef beide Augenbrauen an und zieht dabei unmerklich den Mund etwas zusammen, nimmt er das Gesagte nicht sehr ernst. Das mitleidige Lächeln verkneift er sich zwar, aber es wird doch ziemlich deutlich, was er von der Mitarbeitermeinung hält.

Manchmal zucken die **Mundwinkel** unmerklich nach unten. Ein eindeutiges Zeichen von Mißfallen. Es wäre an der Zeit, das Gespräch zu beenden. Aus dem leicht sarkastischen Mitleid wird zunehmend Ärger über diesen lästigen Zeitdieb. Der Ärmste merkt die drohenden Anzeichen vielleicht nicht, da er sich gerade so richtig in Form geredet hat. Die anfängliche Scheu ist etwas überwunden, endlich kommt auch er zum Reden. Und so merkt er nicht, wie er offenen Auges ins Verderben rennt. Was immer er auch sagt, seine Zeit ist abgelaufen!

Machtmittel Gesprächsführung

Schon der **Termin**, den der Chef für so eine Besprechung wählt, spricht Bände. Es ist zum Beispiel Freitag, 17.00 Uhr – für den Chef noch mitten in der Woche. Der Mitarbeiter hat aber bereits seit zwei Stunden Wochenende, da seine Dienstzeit am Freitag offiziell um 15.00 Uhr endet. *„Also, Herr Kollege, das müssen wir noch rasch* *erledigen. Da wollen wir mal nicht so kleinlich sein – wissen Sie, ich sitze heute sicher noch bis 22.00 Uhr hier im Büro!"* ist der einzige Kommentar dazu.

Solche Gespräche (oder Monologe) ebenso wie die typischen **„Zwischen Tür und Angel"-Gespräche** beweisen dem Mitarbeiter seinen Stellenwert: Ich bin ihm nicht mehr Zeit wert, oder ich bin einfach zu unwichtig, um überhaupt ins „Allerheiligste", das Chefbüro, hineingelassen zu werden. Schnell, schnell abgefertigt und geistig abgehakt!
Das Gespräch selbst wird immer wieder von Kurzmonologen des Chefs unterbrochen. Er weiß ja schließlich, was der andere sagen wird, und hat immer auch gleich die richtige Belehrung zur Hand. Zielsicher erkennt er die Schwachstellen des anderen und scheut sich auch nicht, immer wieder dezent darauf hinzuweisen.

Gelegentlich besinnt er sich auf den guten Rat, seinen Mitarbeiter doch einfach einmal reden zu lassen. Das löst ja angeblich viele Probleme von selbst, so wie an der Klagemauer will er ja nur seine Sorgen loswerden. Dazu ist man ja für seine Leute da! Also hört er zu – oder tut zumindest so! Dieses typische „**Pseudo-Zuhören**" zeigt sich durch gelegentliches Kopfnicken, wobei aber der Blick immer wieder abwandert. Die Hand beginnt ebenfalls unruhig zu werden, der Kugelschreiber klopft auf die Tischplatte. Das immer wieder eingestreute *„Aha", „Mhm!"* oder *„Was Sie nicht sagen!"* klingt irgendwie wie vom Tonband. Den Mitarbeiter beschleicht das Gefühl, seine Worte dringen nicht einmal in die Nähe des Chefohres.

Ein solcherart **vorgetäuschtes Verständnis** schafft eine der ärgsten Gesprächsbarrieren überhaupt (vgl. dazu auch 5.2). Diese unsichtbare Wand weist nicht die kleinste Lücke auf, durch die die Worte des Mitarbeiteres dringen könnten. Kapitulation ist angesagt!

Sehr oft verwenden solche Chefs auch Pauschalformulierungen:

> *„Also, das ist ja recht schön und gut, aber ..."*
> *„So einfach ist die Sache leider nicht."*
> *„Wissen Sie, diese Argumente höre ich ständig. Und ich antworte immer gleich: ..."*

„Also, ich bin jetzt seit zehn Jahren Chef hier im Haus! Aber mit so einer Bitte bin ich noch nie konfrontiert worden ...!“

Mit diesen Killerphrasen wird dem Mitarbeiter die verbale Pistole an die Brust gedrückt: „Wage es ja nicht, dich weiter mit mir anzulegen. So ist es, so war es, und so wird es immer sein!“ Gespräche, die in diese Richtung laufen, sind sinnlos; sie führen zu keinem Ergebnis außer einer weiteren Frustration beim Mitarbeiter. Die Motivation, die vom Chef so lauthals bekundete „Politik der offenen Tür“ wieder einmal zu testen, wird in Zukunft gering sein.

Machtmittel Lob

In jedem Mitarbeiterführungs-Seminar kann man hören, wie wichtig Lob für Mitarbeiter ist. Also nimmt der Chef das Gespräch gleich zum Anlaß, ein bißchen Lob einzustreuen.

„Das ist ja sehr interessant, was Sie sagen ...“
„Wissen Sie, ich freue mich, wenn meine Leute so mitdenken ...“
„Also, Sie sind ja jetzt schon lange bei uns, jeder schätzt Sie, Sie kennen sich bei uns aus ...“
„Jawohl, wir brauchen motivierte Mitarbeiter wie Sie, Leute, die noch wissen, was arbeiten heißt ...“

Warum werden wir das Gefühl nicht los, daß da gleich ein „Aber“ kommt? Daß er diese Sätze zu jedem sagt, der auf diesem Stuhl Platz nimmt? Daß er es nicht so meint?

Für Lob gilt Ähnliches wie für Kritik. Erfolgt es pauschal, in Allgemeinplätzen formuliert, wird es unglaubwürdig. Diese Art von Lob schiebt den anderen ein Stück weg, signalisiert ihm: „Etwas Konkretes, das ich jetzt an dir loben könnte, fällt mir nicht ein. Also sage ich einfach irgend etwas Nettes, das paßt dann schon!“

Ein Lob sollte immer eine konkrete Eigenschaft oder Leistung des anderen hervorheben. Er muß erkennen, daß er – und nur er – damit gemeint ist. Daß der andere ihn wirklich wahrgenommen hat. Daß er echtes Interesse hat.

Sehr oft erfolgt Lob bei „Bedarf“. Der Chef bezweckt damit etwas. So frei nach dem Motto: zuerst etwas Positives sagen, dann schluckt er

die Kritik leichter. **Lob als Kritikverpackung bewirkt genau das Gegenteil. Es erzeugt Abwehr und Trotz!**
Ein herablassendes Lob, wie *„Das ist ja recht ordentlich, was Sie da tun“*, demonstriert dem Mitarbeiter wieder die ganze Aussichtslosigkeit seiner Lage. Mit ein bißchen Schulterklopfen speist mich der Chef ab – seine schwindelerregenden Höhen werde ich jedoch nie erreichen!

Machtmittel Anrede

Da wäre zunächst die joviale Variante:

„Herr Kollege!“
„Lieber Freund!“

So redet der typische Schulterklopfer seine Mitarbeiter an. Er stellt ihn auf eine Stufe mit sich selbst, um ihm gleich im nächsten Atemzug zu beweisen, daß er doch meilenweit davon entfernt ist. Das wirkt herablassend, fast verspottend. Ich bekomme als Mitarbeiter das Gefühl, als Kind behandelt zu werden. Da durfte ich auch einmal auf Papas Schoß sitzend am Lenkrad drehen – allerdings nur am Parkplatz!

Anders die übertrieben freundliche Anrede:

„Mein lieber Herr Meier!“
„Lieber, hochgeschätzter Kollege!“
„Werter Herr Kollege!“

Soviel Hochachtung macht mißtrauisch. Da will mich einer in Sicherheit wiegen, sicher kommt da das dicke Ende noch nach. Bei dieser Form der Anrede wappnen wir uns innerlich gegen den „getarnten“ Angriff. Wir ziehen den Kopf unmerklich ein und rechnen mit dem Schlimmsten.

„Das ist schön, daß Sie zu mir kommen, Herr … ähm …!“

Nichts trifft uns mehr, als in unserer Persönlichkeit übersehen zu werden. Und unsere Persönlichkeit drückt sich nun einmal sehr deutlich in unserem Namen aus.

Weiß der Chef nicht einmal den Namen, ist er entweder selbst erst den ersten Tag bei der Firma oder er registriert seine Mitarbeiter nicht als Menschen, sondern als Maschinen. Vielleicht weiß er ja meine Dienstnummer (vgl. dazu auch 5.1)?

So, jetzt haben wir genug gelästert über widerliche Chefs, deren einziges Interesse es ist, ihren Mitarbeitern ihre Macht zu demonstrieren. Gott sei Dank gibt es diese Chefs ja nicht immer und überall. Viele Vorgesetzte wissen, daß ihre Mitarbeiter ihr wichtigstes Kapital sind, und behandeln sie auch dementsprechend.

6.4 Unterschiedliche Wahrnehmung

Wenn drei Menschen den gleichen Vortrag besuchen, heißt das noch lange nicht, daß sie auch mit den gleichen Erkenntnissen den Vortragssaal wieder verlassen.

Der erste lauscht gespannt auf die Worte des Vortragenden. Er schließt manchmal sogar die Augen oder starrt auf einen Punkt ins Leere. Die wunderbar gestalteten Folien beachtet er wenig. Vielmehr lauscht er den Erklärungen des Mannes auf der Rednerbühne. An der anschließenden Diskussion beteiligt er sich ebenfalls. „Habe ich Sie richtig verstanden, sehen Sie die Problemlösung wie folgt ...?“ Noch im Hinausgehen bespricht er das soeben Gehörte mit seinem Sitznachbarn. Die schriftliche Vortragsunterlage steckt er achtlos in den Aktenkoffer.

Der zweite hört ebenso gespannt zu. Er verfolgt alles anhand seiner Vortragsunterlage mit. Die Folien beeindrucken ihn besonders, er schreibt sie ziemlich genau ab. Manchmal irritiert ihn die auffällige Erscheinung des Vortragenden: dieser ist groß, sportlich, braungebrannt und in einen schicken Maßanzug gehüllt. Doch die Krawatte paßt mit ihrem „schreienden Lila“ so gar nicht zum Dunkelblau des Anzuges. Andererseits paßt sie sehr gut zum Blumenschmuck auf dem Rednerpult – lila Tulpen! Ob er das wohl im vorhinein gewußt hat? überlegt unser Ästhet im Publikum. Sich auf das Gesagte zu konzentrieren fällt ihm ziemlich schwer. Aber macht nichts, er hat ja noch die schriftliche Unterlage, und die ist recht ausführlich, das hat er mit einem Blick festgestellt.

Der dritte hat sich gleich ganz vorne hingesetzt. Er braucht einfach das Gefühl, mitten im Geschehen zu sein. Gespannt verfolgt er alle Bewegungen des Vortragenden. Er ist ein Meister seines Faches, seine Körpersprache ist perfekt: immer dem Publikum zugewandt, dynamisch und sicher. Die Worte seines Vortrages unterstreicht er mit den entsprechenden Handbewegungen. Der Zuhörer geht richtig mit, sogar so weit, daß er unruhig auf seinem Stuhl herumzurutschen beginnt. Er blättert in den Unterlagen, um den Anschluß an den Inhalt wieder zu finden. Gelegentlich notiert er das dazu, was ihm besonders wichtig erschient. Nur eines stört: Die Krawatte des Vortragenden sitzt eindeutig schief! Der Redner hat nämlich die Angewohnheit, sich immer wieder an die Krawatte zu fassen, was deren Position nur noch mehr ins Abseits rückt. „Gleich wird sich der Knopf lösen, und er steht ohne da", denkt sich der Zuhörer und faßt sich sicherheitshalber an den eigenen Krawattenknopf. Daß er dabei etwas verpaßt, stört ihn wenig, er fragt einfach in der anschließenden Diskussion noch einmal nach!

Beim anschließenden Buffet treffen die drei aufeinander.

„Ein sehr interessanter Vortrag – trefflich formuliert! Man konnte genau heraushören, wie beschlagen der Mann ist!" stellt der erste fest.

„Naja, eine recht interessante Erscheinung! Man sieht auf den ersten Blick, wenn einer kompetent ist. Nur lila Krawatten könnte er sein lassen!" meint der zweite.

„Also, ich fand den Vortrag total mitreißend. Man konnte sich richtig hineinfühlen in die Sache! Aber soweit ich das begriffen habe, ist er sich seiner Sache nicht ganz so sicher – sonst hätte er seine arme Krawatte nicht so gemartert!" äußert sich der dritte und gestikuliert dabei heftig mit seinem Sektglas herum. Die andern beiden blicken ihn erstaunt und leicht verständnislos an …

Was wird an diesem Gespräch deutlich? Sprechen die drei die gleiche Sprache? Oder waren sie etwa in verschiedenen Vortragssälen?

Unsere Wahrnehmung erfolgt sehr selektiv. Der eine nimmt vor allem die akustischen Signale wahr, er ist eindeutig **auditiv** geprägt. Er konzentriert sich daher hauptsächlich auf den Klang, verläßt sich ganz auf seine Ohren. Will er sich besonders konzentrieren, schließt er sogar die Augen. Auch in seiner Sprechweise verwendet er eher „auditive“ Formulierungen:

„Da höre ich heraus, ...“
„Man muß auf die Zwischentöne hören ...“
„Er gibt den Ton an ...“
etc.

Ganz anders der **visuelle** Typ. Er nimmt seine Umwelt vor allem mit den Augen wahr. Alle optischen Erscheinungen prägen sich bei ihm ein. Er merkt sich Fakten leichter, wenn er sie niedergeschrieben sieht. Meist weiß er im nachhinein genau, ob etwas auf der Seite rechts oder links, oben oder unten steht. Berichtet er über eine Sache, verwendet er Ausdrücke wie:

„Das war sehr anschaulich zu sehen ...“
„Aus meinem Blickwinkel betrachtet ...“
„Man muß ins Auge fassen, ...“
„Zwischen den Zeilen war zu lesen, ...“

Der dritte im Bunde ist eindeutig der „**kinästhetische** Typ“: Er muß die Dinge begreifen, bei ihm gehören Hören, Sehen und aktives Tun zusammen. In einem Geschäft kann er nicht nur den Lobpreisungen der Verkäuferin lauschen, er muß die Ware unbedingt angreifen, er muß alles „er“-fühlen. Nur ruhig zu sitzen und zuzuhören ist seine Sache nicht. Aktion heißt sein Schlagwort. Er verwendet häufig folgende Formulierungen:

„Da konnte ich deutlich spüren, ...“
„Ich wurde das Gefühl nicht los, ...“
„Ich begreife das nicht ...“
„Ich bekomme es einfach nicht in den Griff!“

Nicht selten entstehen aus diesen unterschiedlichen Wahrnehmungsformen auch Probleme in der Kommunikation. Befinden sich nämlich drei Gesprächspartner auf so unterschiedlichen Ebenen, wird es ihnen schwerfallen, die schon erwähnte gleiche Wellenlänge zu finden. Sie reden permanent aneinander vorbei, befinden sich in völlig verschiedenen geistigen und emotionalen Welten.

Hören Sie daher genau hin, welche „Wahrnehmungs-Formulierungen" Ihr Gesprächspartner verwendet. Daran können Sie erkennen, um welchen Typ es sich handelt. Wer feinfühlig auf sein Gegenüber reagiert, kann ihm so entgegenkommen und „Wahrnehmungs-Barrieren" überwinden.

7 Barriere Technik

7.1 Wunderbare neue Welt der Kommunikation

Der Wunsch der Menschen, sich auch über weite Distanzen hinweg miteinander zu verständigen, ist nicht neu. Die Idee, niedergeschriebene Nachrichten weiterzuleiten, entstand fast parallel zur Erfindung von „tragbaren" Schreibunterlagen – logisch, denn die Felswände der Höhlenbewohner eigneten sich nicht gut für den Posttransport! Rauchzeichen und Freudenfeuer, Buschtrommeln und die gute alte Flaschenpost funktionierten unabhängig von der Post als institutionelle Vermittlerin. Auch die Indianer benötigten keine Telefongesellschaft, um das Herannahen von Feinden festzustellen. Sie legten einfach das Ohr auf den Boden.

Die Bedeutung dieser menschlichen Sehnsucht nach allumfassender Kommunikation führt in der „zivilisierten“ Welt zu satten Umsätzen. In vielen Ländern hat der Staat diesen lukrativen Bereich sehr früh an sich gerissen und ist in unseren Zeiten der allgemeinen wirtschaftlichen Liberalisierung nur ungern bereit, auch private Konkurrenz zuzulassen. Dieser Markt ist heiß umkämpft: Gut für all die „Glücklichen“, die dadurch in den Genuß von immer vielfältigeren und auch immer billigeren Kommunikationstechnologien kommen. **Wie, mit welchem Medium, wir kommunizieren, ist zum entscheidenden Faktor in unserer sozialen Kultur geworden.**

Geprägt wird unsere soziale Kultur von der unerschütterlichen Überzeugung, daß in der heutigen Informationsübermittlung einfach alles möglich sei. Keine Vision ist zu utopisch, um nicht schon morgen zur Realität zu werden. Nicht nur die „Machbarkeit“, auch die Geschwindigkeit der Übermittlung steigert sich laufend. Die Kommunikationsmöglichkeiten sind unendlich vielfältig geworden. Damit sollten eigentlich die meisten Probleme der Menschheit gelöst sein – nie wieder Verständigungsschwierigkeiten, totale Informationsübersicht und rasche Klärung aller Mißverständnisse – eben eine wunderbare neue Welt der Kommunikation!

Die Tatsachen sehen anders aus: Je mehr Information wir erhalten, desto weniger können wir sie überblicken. Je komplizierter die Telekommunikation wird, desto mehr Mißverständnisse entstehen. Je „leichter“ uns die Arbeit durch Kommunikationstechnologie gemacht wird, desto weniger Zeit haben wir, desto mehr werden wir „getrieben“. Wo liegt konkret das Problem?

Wir wollen uns hier nicht einreihen in die große Schar jener, die die moderne Technik als Teufelswerk verdammen und der „guten alten Zeit“ nachtrauern, als man noch mit dem Federkiel romantische Liebesbriefe schrieb statt eine E-Mail zu versenden. Der menschliche Geist macht eben nicht halt, er muß forschen, mit veränderten Bedingungen wachsen. Stillstand wäre unser aller Ende. Wir haben uns diese neue Welt geschaffen, wir haben uns damit unendliche Möglichkeiten eröffnet. Wir müssen sie nur richtig nutzen lernen.

Wir wollen nun auf die hauptsächlich von uns Menschen genutzten „technischen“ Kommunikationswege eingehen und auf die Barrieren hinweisen, die bei ihrer Verwendung in den zwischenmenschlichen Beziehungen entstehen können. Wir wollen dabei aber sicher nicht die grundsätzliche Sinnhaftigkeit dieser Medien anzweifeln. Achten Sie jedoch bei deren Einsatz auf all die versteckten Signale, die eine „menschliche Beziehungs-Störung" andeuten – sie sind im Unterschied zu den Signalen der technischen Störungen nicht immer direkt wahrnehmbar.

Das Telefon

„Leute mit hohen Positionen, Leute mit niedrigen Positionen, Reiche, Arme, Bewunderte, Verachtete, Geliebte, Gehaßte, Zivilisierte, Wilde – mögen die alle sich einmal in einem Himmel mit ewiger Ruhe und ewigem Frieden zusammenfinden. Sie alle; nur nicht der Erfinder des Telefons!"

Mark Twain, 1890

Trotz aller technologischen Weiterentwicklung ist das Telefon nach wie vor eines unserer wichtigsten Verständigungsmittel. Ohne Telefon wäre unser Leben einigermaßen lahmgelegt. Ein Büro ohne Telefon ist undenkbar. Wir greifen unzählige Male pro Tag zum Hörer, und trotzdem verbindet uns eine vielschichtige Haßliebe mit diesem Gerät. Über hundert Jahre schon quälen wir uns mit diesem Ding ab und haben immer noch nicht gelernt, wie man nervenschonend damit umgeht. Ganz im Gegenteil – unser Verhältnis zum Telefon wird immer gestörter, wir empfinden es immer mehr als Antreiber, als „Sklaventreiber".
Dabei sind wir selbst die Antreiber: Ohne lange zu überlegen, greifen wir einfach zum Hörer und „terrorisieren" so unsere Mitmenschen. Wir sind vielleicht auch noch schlecht vorbereitet und stehlen unseren Gesprächspartnern vielleicht unnötig Zeit. Wen wundert's da, wenn die anderen es uns mit gleicher Münze heimzahlen? Und so klingelt und klingelt es weiter in unseren Büros …
Was macht die Telefonkommunikation so schwierig? Wo sind die Signale versteckt, die uns anzeigen, was wir tun sollten, und was wir beim Telefonieren besser lassen sollten?

***Signal 1* – Der richtige Zeitpunkt:** Eines der Hauptprobleme beim Telefonieren ist die Tatsache, daß es immer genau dann läutet,

wenn man gerade bei einer wichtigen anderen Tätigkeit ist. Es unterbricht unsere Gespräche, unsere Gedanken, unsere Arbeit. Deswegen reagieren viele auf einen Anruf zunächst so ungehalten. Auch wenn es der gute Ton verbietet, einfach *„Sie stören mich, rufen Sie doch später an!“* in das Telefon zu brüllen – zwischen den Worten kann man mit einiger Feinfühligkeit genau heraushören, daß der andere nicht gerade glücklich über die Störung ist. Reagieren Sie also auf solche Signale, und fragen Sie nach, ob dem anderen der Zeitpunkt paßt. Ein *„Nein, nein, ist schon ok, geht schon!“* als Antwort auf diese Frage sagt aus: Der Zeitpunkt ist unglücklich gewählt, der andere ist nur zu höflich, es auszusprechen.
Wichtig ist es jedoch, sich schon vor dem Griff zum Hörer zu überlegen, ob der Zeitpunkt paßt. Weiß ich zum Beispiel, daß in einer Firma Freitag Frühschluß gepflegt wird, ist Freitag nachmittag, 15.00 Uhr sicher nicht der beste Zeitpunkt, einen dortigen Geschäftspartner von den eigenen Ideen zu überzeugen. Montag morgen zwischen 8.00 und 10.00 Uhr ist es ebenfalls ungünstig, da läutet sowieso überall das Telefon, und meist finden zu diesem Zeitpunkt auch noch die wöchentlichen Meetings statt. Will man sich nicht ständig den schönen Spruch *„Der Herr X ist leider nicht zu sprechen, er ist bei Tisch!“* anhören, ist die Mittagszeit ebenfalls nicht ideal.
Wer etwas Bestimmtes erreichen will, tut also gut daran, sich genau zu überlegen, ob er die Gepflogenheiten seines Telefonpartners kennt.

***Signal 2* – Die Stimme:** Das Telefon filtert sämtliche „Zusatzinformationen“ wie Gesichtsausdruck und Körpersprache weg. Ich sehe meinen Gesprächspartner nicht, ich kann ihn daher nicht so leicht bei einer Lüge ertappen wie im unmittelbaren persönlichen Gespräch. Ich bin auf seine Worte angewiesen. Die einzige Zusatzinformation, die ich durch die Leitung erhalte, ist seine Stimme. Und die verrät eine ganze Menge. Ich höre an der Stimme des anderen, ob er gerade lächelt, ob er mit skeptischer Miene durch zusammengepreßte Zähne spricht oder ob er durch mein Gespräch gelangweilt wird.

Eine **tiefe Stimme** wirkt vertrauenswürdig und kompetent. Die **hohe Stimme** dagegen wirkt auf uns eher unsicher, hilflos und leicht hektisch. Die Stimmlage ist jedoch vielfach angeboren. Sind Sie daher unvoreingenommen, und lassen Sie sich nicht zu sehr von den eigenen Vorurteilen leiten. Auch eine junge, hohe Stimme kann zu einer sehr kompetenten Person gehören. Und auch Menschen mit tiefer Stimme können ahnungslose Schwätzer sein. Achten sollten Sie aber auf einen plötzlichen Wechsel der Stimmlage. Wird die Stimme am anderen Ende plötzlich höher und „dünner", signalisiert das Unsicherheit und Nervosität. Holt der Gesprächspartner hörbar Luft, wird die Atmung flacher, wird die Unsicherheit hörbar.

Langeweile wird durch eine **monotone Stimme** ausgedrückt. Redet einer ohne jegliche Betonung, ist das Desinteresse hörbar, bildet sich eine unsichtbare Mauer zwischen beiden. Gelingt es nicht, den anderen aus seiner Reserviertheit zu locken, wird das Gespräch ergebnislos enden. Ist die Betonung des anderen gar **zu pathetisch**, macht uns das mißtrauisch. Warum übertreibt er so? Will er so seine Unehrlichkeit überdecken? Übertriebene Freundlichkeit – vielleicht als Reaktion auf ein eben besuchtes Telefonseminar? – bewirkt oft das Gegenteil dessen, was es bezwecken soll: Sie schiebt den anderen auf Distanz!

***Signal 3* – Das Sprechtempo:** Zeit ist Geld, und genau nach diesem Motto scheinen viele ihre Telefongespräche zu führen. Wie aus einem Maschinengewehr schießen die Worte ins Ohr des anderen. Der fühlt sich überfahren und gibt bald auf. *„Schicken Sie mir doch bitte ein Fax mit allen Daten!"* – das ist oft der einzige Ausweg. Wer zu schnell spricht, macht es dem anderen schwer, zuzuhören. Es ist also ein Zeichen von Unhöflichkeit, derart schnell zu sprechen. Andererseits kommt beim Gesprächspartner das Gefühl auf, der andere hätte etwas zu verbergen. Denn je unsicherer jemand wird, desto schneller spricht er. Ein rasches Sprechtempo drückt also nicht immer Überlegenheit und Dynamik, sondern sehr oft genau das Gegenteil, nämlich Unsicherheit und Inkompetenz aus. Je schneller man spricht, desto höher wird auch die Stimmlage (siehe Signal 2).

Besonders wichtig ist es, zu Beginn und am Ende eines Gespräches langsam und damit deutlich zu sprechen. Und genau das wird so selten eingehalten! Den Firmennamen und den eigenen Namen spricht man hundertmal am Tag aus – daher verschluckt man gerne in der Hektik einen Teil: *„Msgmhntgutentag?“* Übersetzung nötig? „UMS-GmbH, Hunter, Guten Tag!“ teilt uns diese Begrüßung mit. Doch leider hat der arme Anrufer keinen Übersetzer, er ist verunsichert, ob er überhaupt an der richtigen Stelle gelandet ist. Muß er nochmals nachfragen, fühlt er sich dabei äußerst unwohl. Die Barriere ist entstanden, bevor das Gespräch noch richtig begonnen hat. Am Ende eines Telefongespräches geht es ähnlich. Man ist froh, das Gespräch beenden zu können, und diese Erleichterung wird im erhöhten Sprechtempo deutlich. Es ist genau so, als würde man einen Besucher immer schneller zur Tür hinausschieben. Diese Form der Verabschiedung regt nicht dazu an, bald wieder anzurufen: „Dort war ich nicht willkommen, der war nur froh, mich wieder los zu sein!“

***Signal 4* – Sprechpausen:** Wer das gesamte Gespräch im gleichen Tempo spricht, monoton und ohne Pause, der signalisiert ebenfalls Langeweile. Das Gespräch ist für ihn Routine, er ist nur mit Teilen seiner Aufmerksamkeit bei der Sache. Ebenfalls keine gute Basis für ein konstruktives Gespräch. Wer ständig Pausen macht und dabei geräuschvoll Luft holt, der schickt in diesen Pausen ein Stoßgebet zum Himmel, das Gespräch möge doch bald beendet sein. Er ist vielleicht überfordert, geistig auf der Flucht. Es ist für den Gesprächspartner auch extrem unangenehm, wenn der andere ständig zu lange Pausen macht, einfach nichts sagt, nicht reagiert. *„Sind Sie noch da?“* ist man verleitet, zu fragen.
Viele Menschen reagieren auf Pausen des Gesprächspartners, indem sie selbst besonders viel und schnell sprechen, um die peinlichen „Schweigephasen“ zu überbrücken. Sie werden aber unsicher und fragen sich: Hört der andere noch zu? Was tut er? Man kann also solche längeren Pausen auch zur Verunsicherung des anderen einsetzen.
Kurze Pausen aber sind ein positiver Beitrag zu einem Telefonat. Der andere bekommt Zeit, über das Gesagte nachzudenken, die Spannung wird erhöht. **Richtig eingesetzte Pausen sind die Würze eines Gespräches.**

***Signal 5* – Die Begrüßung:** Wie sich der andere am Telefon meldet, gibt mir sofort Aufschluß darüber, ob ich willkommen bin oder nicht. Ein kurzes *„Ja, bitte?“* wird sicher nicht als Willkommenszeichen gedeutet werden, Ebenso eine überfreundliche, unnatürliche Begrüßung, wie bereits oben erwähnt. Das stärkste Signal, das mir mein Gesprächspartner in dieser Phase senden kann, ist die Nennung meines Namens. Das zeigt mir, daß mich der andere als Individuum wahrgenommen hat, daß er weiß, mit wem er da gerade spricht. Wir hören nun einmal alle unseren Namen sehr gerne. Eine freundliche Begrüßung sollte selbstverständlich sein. Übrigens: **Der Unterschied zwischen Höflichkeit und Freundlichkeit liegt im Grad der menschlichen Zuneigung!**

***Signal 6* – Hintergrundgeräusche:** Sie sitzen vor einem übervollen Schreibtisch, ein Termin jagt den anderen. Und dann ist da auch noch dieses wichtige Telefonat mit Ihrem neuen Steuerberater. Sie wählen seine Nummer, nach mehrmaligem Läuten meldet sich eine äußerst fröhliche Stimme. Ihren Namen verstehen Sie kaum, da im Hintergrund lautes Stimmengemurmel und fröhliches Gelächter zu hören sind. Etwas erstaunt und verunsichert nennen Sie Ihren Namen und erläutern Ihren Wunsch. Als dann aber im Hintergrund auch noch ein Sektkorken knallt, verwandelt sich Ihre Unsicherheit in Ärger: *„Ich will Ihre nette Feier nicht stören, vielleicht rufen Sie mich zurück, wenn Sie alle wieder weiterarbeiten!“* rufen Sie vielleicht verärgert ins Telefon. Ob das wohl eine längere Geschäftsbeziehung wird?
Hintergrundgeräusche werden am Telefon sehr genau beachtet. Wir sehen die Umgebung des Gesprächspartners nicht, wir sind auf die akustischen Informationen angewiesen. Und da ordnen wir eben zu: Gläserklirren bedeutet feuchtfröhliches Feiern, Radiomusik legt die Vermutung nahe, daß da recht wenig gearbeitet wird, sondern alle in fröhlicher Freizeitstimmung den Tag verbringen. Achten Sie daher besonders im geschäftlichen Bereich auf das Vermeiden von typischen „Freizeitgeräuschen“. Auch wenn eine kleine Feier im Büro durchaus ihre Berechtigung hat und Musik im Hintergrund so manche Arbeitsleistung zu steigern vermag, so ist die Wirkung am anderen Ende nicht unbedingt positiv. **Weichen Sie daher mit einem Telefonat in einen Nebenraum aus, wenn Sie nicht wollen, daß sich der Anrufer als lästiger Spielverderber fühlt.**
Ebenso störend sind private Gespräche im Hintergrund. Die Ohren des Anrufers „wachsen“ geradezu durch die Leitung, wenn er im

Hintergrund ein lautes Streitgespräch zweier Kollegen vernimmt. Er ist abgelenkt, wird mißtrauisch und stellt die Kompetenz in Frage. Manchmal rückt das Hintergrundgespräch sogar in den Vordergrund, nämlich dann, wenn der Telefonierende noch heftig mitstreitet, während er abhebt oder wenn er weiter verbindet. Statt eines Grußes hört der unfreiwillige Zeuge vielleicht eine heftige Beschimpfung. Ob er dann noch die freundliche Begrüßungsformel ernst nimmt?

***Signal 7* – Unterbrechen:** Wer ständig unterbrochen wird, verliert die Lust am Gespräch. Jedes Unterbrechen empfinden wir als Wegstoßen, als echte Barriere. Es zeigt uns die Ungeduld des Gesprächspartners, seine Nichtachtung dessen, was wir gerade sagen. Wir rufen ja nicht einfach grundlos an, wir haben ein Anliegen, das uns wichtig ist.
Lassen Sie daher Ihren Gesprächspartner am Telefon grundsätzlich immer aussprechen. Unterbrechen Sie nur, wenn unbedingt notwendig. Es kommt auch auf die Formulierung an. Wenn Sie ihm ein barsches *„Da sind Sie bei mir total falsch!“* entgegenschleudern, empfindet er das wie die bereits erwähnte Falltür. Sie schieben den anderen sehr brutal weg. Besser ist es, mit einer Frage zu unterbrechen, das wirkt wesentlich weniger hart. Und vergessen Sie möglichst nicht, auch seinen Namen dazu zu nennen. „Herr Meier, habe ich Sie richtig verstanden, Sie wollen eine Auskunft bezüglich Ihrer letzten Spesenabrechnung? Da verbinde ich gerne mit Frau Huber, die gibt Ihnen die gewünschte Auskunft!“ So fühlt sich der Unterbrochene verstanden und ernst genommen. Auch wenn die erste Mitarbeiterin nicht zuständig ist, sie hat mir doch genau zugehört und tut etwas für mich. Außerdem weiß sie auch noch nach dem zweiten Satz, wer ich bin!

***Signal 8* – Mitschreiben:** Sie glauben, der andere hört nicht, ob Sie mitschreiben? Er kann ja nicht auf Ihren Schreibtisch schauen? Richtig, das kann er nicht. Aber er hört sehr genau, ob Sie mitnotieren. Achten Sie einmal bei Ihren nächsten Telefonaten darauf, Sie werden uns sicher recht geben. Der Anrufer fühlt sich noch mehr ernst genommen, wenn er merkt, daß der andere mitschreibt. Er bekommt das Gefühl, sein Anliegen sei damit auch schriftlich deponiert und könne nicht so einfach in Vergessenheit geraten. Ein Tele-

fonat ist ja im Unterschied zum Schriftverkehr nicht mehr beweisbar, Worte sind oft nur Schall und Rauch. Merke ich aber, daß der andere zumindest meinen Namen aufschreibt, habe ich weniger Angst, in Vergessenheit zu geraten.
Es ist auch für den Empfänger des Gespräches leichter, die erhaltenen Information „nachzubearbeiten“, wenn er mitnotiert. **Gewöhnen Sie sich also in Ihrem sowie im Sinne Ihrer Anrufer an, stets sofort zumindest den Namen aufzuschreiben.** Das wirkt entschieden besser, als sein „Supergedächtnis“ unter Beweis stellen zu wollen: *„Das merke ich mir schon, das brauche ich nicht mitzuschreiben, Herr Meier!“* Der Herr Meier könnte das nämlich auch so interpretieren: „Das ist nicht so wichtig, daß ich dafür mein Papier und meine Zeit verschwenden möchte!“

***Signal 9* – Weiterverbinden:** Das ist ein heikles Kapitel und eine der unscheinbaren Fallen beim Telefon. Wer die Erleichterung des anderen spürt, daß er den lästigen Anrufer sofort wieder wegschieben kann, fühlt sich nicht willkommen. Und jedes Weiterverbinden ist auch wirklich eine Art von Wegschieben. Erfolgt es daher nicht in der nötigen Form, kann es eine Beziehung unbewußt negativ prägen. Niemand wird sich beim Chef beschweren, weil er sich in dieser Phase schlecht behandelt fühlt. Es wird ihm ja meist selbst nicht so genau bewußt. Aber das ungute Gefühl bleibt trotzdem im Unterbewußtsein gespeichert. Und genau deswegen liegt hier so eine heimtückische Falle versteckt.
Kennen Sie folgende Sätze? *„Ich stelle Sie jetzt durch!“, „Ich lege Sie auf die Warteschleife!“, „Ich schaue jetzt, ob er frei ist, dann lege ich Sie rüber!“* Aber wer möchte denn durch die Leitung gestellt, auf eine Warteschleife geworfen oder gar gleich auf den Schreibtisch des Chefs gelegt werden, so dort nicht noch ein anderer liegt? Oder werden Sie dann einfach oben drauf gepackt? Auch *„Ich verbinde Sie!“* ist ein Satz, der zur Krankenschwester mit dem Verband in der Hand besser paßt (vgl. dazu auch Kapitel 5).
Professionelles Weiterverbinden beinhaltet die nötige Information für den Anrufer: Name, Abteilung und Durchwahl des zuständigen Mitarbeiters und vor allem eine freundliche Verabschiedung!

***Signal 10* – Der Rückruf:** Ist der Zeitpunkt für den Anruf ungünstig, bietet man besser einen Rückruf an. Der Anrufer merkt auch bald,

daß man selbst im Moment mit der Sachlage nicht vertraut ist und daher nur „heiße Luft" redet. **Er hat einen größeren Nutzen, wenn ich ihm einen Rückruf anbiete, um mich bis dahin mit den Fakten vertraut zu machen.** Sonst bekommt er das Gefühl, ich möchte das Telefonat nur ja gleich erledigen – was vom Tisch ist, ist weg! Oder will ich die Gebühren für einen Rückruf sparen?
Ist der zuständige Mitarbeiter nicht da, gehört es sich, einen Rückruf oder eventuell einen späteren Termin vorzuschlagen. Aber bitte nicht so: *„Er ist gerade nicht im Zimmer, probieren Sie es doch einfach immer wieder, irgendwann wird es schon klappen!"*

Was man verspricht, das hält man auch! Diesen Satz haben wir schon als Kinder genau gekannt. Warum vergessen wir ihn dann nur als Erwachsenen so oft, wenn es um Rückrufe geht? Nichts wirkt unprofessioneller – egal ob wir einfach darauf vergessen oder den Rückruf immer wieder hinausschieben, weil uns das Gespräch lästig ist. Insgeheim hoffen wir vielleicht, daß sich die Sache von selbst erledigt. Das ist nicht immer die beste Lösung, vor allem, wenn unsere Kompetenz auf dem Spiel steht. Ein verärgerter Kunde, der immer wieder selbst zum Hörer greifen muß, bis sein Anliegen erledigt wird, ist sicher kein positiver „Marketingfaktor".

Der professionelle Umgang mit dem Telefon schont die eigenen Nerven und die des Anrufers. Greifen Sie nicht wahllos und spontan zum Hörer. Ein Gespräch, impulsiv und reflexhaft geführt, bringt selten die gewünschten Ergebnisse, es stiehlt nur Ihnen und Ihrem Gesprächspartner die Zeit! **Fassen Sie im Sinne eines guten Zeitmanagements Telefonate zu eigenen zeitlichen Blöcken zusammen.** Und nützen Sie vor allem die Chance, sich auf ein **aktiv geführtes Gespräch vorzubereiten**:

- Was will ich mit diesem Gespräch erreichen?
- Welche Argumente brauche ich?
- Was wird der andere einwenden?
- Welcher Zeitpunkt ist günstig?
- Was weiß mein Gesprächspartner schon? Welche Informationen benötigt er?
- Welche Unterlagen muß ich mir zurechtlegen?

Mit den richtigen Antworten auf diese Fragen wird es entschieden leichter fallen, das Telefon wirklich sinnvoll zu nutzen. Mark Twain hatte wahrscheinlich wenige Anrufer, die sich darüber Gedanken gemacht haben, sonst wäre seine eingangs zitierte Formulierung sicher nicht so scharf ausgefallen.

Der Anrufbeantworter

Was für ein Segen der Technik! Wir können das Telefon auch nützen, wenn wir gar nicht da sind! Nie wieder kann sich einer darauf ausreden, er hätte uns nie erreicht! Und wir können anderen unsere Meinung sagen, auch wenn sie nicht persönlich abheben! Und dann kann auch jeder noch seine Originalität beweisen, indem er humorvolle kleine „Ergüsse" auf Band spricht und damit ahnungslose Anrufer beglückt!

Wie auch immer Sie Ihren Anrufbeantworter einsetzen – ob als reines Mittel zum Zweck, als Informationshilfe oder als kabarettistische Selbstverwirklichung –, um zwei Tatsachen kommen wir nicht herum:

1. **Der Anrufbeantworter ist Ihre Visitenkarte.**
2. **Er ist aber auch eine Enttäuschung, eine Barriere für den Anrufer – er wollte mit Ihnen sprechen und hat nur ein Band als „Partner".**

Hinter dieser „Visitenkarte" verstecken sich viele Aussagen zu Ihrer Person, Ihrem Unternehmen. Ist der Text undeutlich oder zu rasch gesprochen, ist die technische Aufnahme- und Abspielqualität mangelhaft, steht damit Ihre Professionalität auf dem Spiel. Ich bekomme als Anrufer den Eindruck, daß sich da schon lange keiner mehr mit dem Anrufbeantworter befaßt hat. Wahrscheinlich werden Anrufer hier sofort vom Band gelöscht!

Zuviel Information überfordert den Hörer, macht es schwierig für ihn, zu reagieren. Oft legt er entnervt auf. Übertrieben originelle Texte schrecken ebenfalls ab:

„Leider sind wir nicht da, aber nutzen Sie Ihre Chance! Wann hört Ihnen schon jemand so aufmerksam zu wie unser Anrufbeantworter nach dem Piepston?"

„Wir sind nicht zu Hause und unser Wellensittich kann trotz Trainings noch immer nicht telefonieren. Also singen doch Sie uns etwas nach dem Piepston vor …!“

„Halt! Nicht auflegen! Sie dürfen mir alles anvertrauen! Aber bitte erst nach dem Piepton und nicht über dreißig Sekunden!“

Bei so viel Witz bleibt einem glatt das Wort im Hals stecken! Gott sei Dank sind die Texte im Geschäftsleben etwas weniger originell. Doch nichts entnervt einen Anrufer mehr, als wenn er um 9.00 Uhr morgens folgendes vom Band hört:

„Leider sind wir im Moment nicht mehr für Sie erreichbar. Unsere Bürozeiten sind von 8.00 Uhr bis 17.00 Uhr. Bitte rufen Sie doch gleich morgen früh wieder an!“

Der Anrufbeantworter sollte nie innerhalb der Bürozeiten laufen. Achten Sie außerdem auf einen **aktuellen Text**: keine Verabschiedung in die Sommerferien, wenn ein Blick auf den Kalender den 23. Dezember anzeigt! Prüfen Sie also Ihren Text und auch die technische Qualität immer wieder durch einen **Kontrollanruf**.

Eine **freundliche, angenehme Stimme** auf dem Anrufbeantworter kann die Enttäuschung des Anrufers etwas mildern. Es ist völlig egal, wem diese Stimme gehört – ob dem Chef oder einem Mitarbeiter. Wichtig ist eine **Entschuldigung im Text**, um dem Anrufer zu signalisieren, daß man seine Enttäuschung auch versteht.

Wir wollen die Sinnhaftigkeit eines Anrufbeantworters aber nicht grundsätzlich in Frage stellen. So wie alle modernen Kommunikationstechnologien ist er ein sinnvolles Hilfsmittel, um notwendige Informationen weiterzuleiten. Vergessen Sie aber nie, einen Anrufer vom Band auch wirklich zurückzurufen. Denn der Anrufbeantworter ist eben nur ein „Hilfsmittel“, kein Ersatz für Kommunikation.

Das Mobiltelefon

Nichts hat unser Telefonverhalten so revolutioniert wie das Mobiltelefon. Wo immer wir sind, was immer wir tun, nichts hindert uns mehr daran, sofort mit jedermann (Fern)kontakt aufzunehmen. Was

stören schon die paar Nebengeräusche? Oder die erhöhte Unfallgefahr bei 160 km/h auf der Autobahn? Hauptsache, wir sind dynamisch, immer am Ball und wichtig genug, um immer erreichbar zu sein!
Was hätte wohl Mark Twain zu dieser Erfindung gesagt? Da beschweren wir uns doch schon seit Jahren über die Allgegenwart des Telefones im Büro, über die ständigen Störungen – und jetzt nehmen wir dieses Marterwerkzeug auch noch an die geheimsten Orte mit! Ist uns denn noch zu helfen? Oder ist unser Gejammer über die ständigen Störungen nur vorgetäuscht? Ist nicht vielleicht unsere Angst, nicht mehr wichtig genug zu sein, nicht mehr ständig gefragt zu sein, noch viel größer?
Wir wollen hier keine philosophischen Grundsatzfragen aufwerfen. Es ist auch schon viel gesagt worden über das lästige Handygeräusch an den unpassendsten Orten, von der Kirche bis zum Konzert. Es geht uns nicht so sehr um den grundsätzlichen Umgang mit dem Mobiltelefon. Uns geht es hier vielmehr um die Macht, die dieser kleine, „handliche" Apparat auf unsere Gespräche ausübt und darum, wie hier Barrieren im Gespräch entstehen. Beachten Sie bitte, welche mehr oder weniger versteckten Signale dieses Ding aussendet:

- Die **Nebengeräusche**: Es stört den Anrufer sehr, wenn er Teile eines Gespräches nicht richtig versteht, weil gerade ein Lastwagen vorbeidonnert oder die Lautsprecheransage deutlicher zu hören ist als der Gesprächspartner. Am lästigsten aber ist es, wenn das Gespräch unterbrochen wird, weil entweder ein Tunnel auftaucht oder der Wechsel zwischen zwei Sendebereichen nicht so ganz reibungslos klappt. Wer so seinen Gesprächspartner elegant „losgeworden" ist, sollte sofort zurückrufen und sich für die „Panne" entschuldigen!
- Die **Hintergrundgeräusche** verraten dem Anrufer sehr genau, wo sich der andere gerade befindet. Es fällt schwer, dem Kunden klar zu machen, wie sehr man um seine Auftragsabwicklung bemüht ist, wenn im Hintergrund fröhliches Badetreiben zu vernehmen ist. *„Ich muß bei 30 Grad im Schatten ja auch im Büro sitzen!"* ist der erste Gedanke! Oder Sie erreichen Ihren Anwalt endlich um 15.00 Uhr und können an den

Hintergrundgeräuschen genau erkennen, daß er sich noch immer im „Nobelrestaurant“ aufhält, wohin er laut seiner Sekretärin schon um 12.00 Uhr entschwunden ist *„Mit meinen Honoraren läßt sich gut tafeln, das kann ich mir vorstellen!“* – diese Gedanken liegen nah.

- **„Feind hört mit“**: Habe ich als Anrufer den Eindruck, der andere telefoniert an einem öffentlichen Ort, zum Beispiel im Großraumwaggon der Bahn, liegt die Vermutung nahe, daß da jede Menge Leute mithören. Wer hat nicht schon selbst erlebt, wie andere ungeniert über diesen und jenen Geschäftspartner herziehen, ohne zu bedenken, daß möglicherweise gerade ein guter Freund des „Geschmähten“ hinter ihm sitzt? Wie viele Geschäftsgeheimnisse sind auf diesem Weg schon an die falsche Adresse gelangt! Aber irgendwie hält sich das Gefühl bei vielen Mobiltelefon-Benützern, sie wären mit dem ersten Läuten ihres Handys plötzlich allein auf der Welt.

- **Hektik:** Telefonieren auf „freier Wildbahn“, sprich an öffentlichen Plätzen zu Geschäftszeiten, vermittelt immer den Eindruck von Hektik am anderen Ende. Es bringt nicht nur den Anrufer, sondern auch den Mobiltelefon-Benützer um seine Konzentration, er wird von der Unruhe ringsumher leicht angesteckt. Der Gesprächspartner bekommt das Gefühl, nur „die zweite Geige“ zu spielen. „Schwierige“ Gespräche lassen sich so nicht führen. Achten Sie daher auf weitgehende Störungsfreiheit beim Telefonieren: Suchen Sie sich einen ruhigen Ort, oder entschuldigen Sie sich zumindest bei Ihrem Gesprächspartner. Konzentrieren Sie sich noch bewußter auf das Gespräch.

- **Fehlende Unterlagen:** Wer unterwegs telefoniert, hat selten alle benötigten Unterlagen griffbereit: *„Das kann ich Ihnen jetzt nicht sagen, da muß ich erst im Büro nachsehen!“ „Soweit ich mich erinnere, sind es ungefähr ...!“ „Ich weiß jetzt nicht, um welches Datum es sich genau handelt, aber das ist ja auch nicht so wichtig!“* Solche und ähnliche Sätze hört man oft in „mobilen Gesprächen“. Ob der Anrufer mit solchen Informationen zufrieden ist? So wird Telefonkommunikation zum uneffizienten Zeitkiller. Statt sich und dem Gesprächspartner die Zeit zu stehlen, sollten Sie Ihr Mobiltelefon wirklich nur für wichtige Nachrichten und Terminvereinbarungen benützen. Verkaufsgespräche oder Reklamationsbehandlung via Handy sind nicht empfehlenswert.

- **Mobile Anrufe während eines Gesprächs:** Wer hat sich nicht schon geärgert über die lästige Unterbrechung eines wichtigen Gespräches, weil irgendwo in den „Habseligkeiten" des Gegenübers das Mobiltelefon läutet? Da beginnt dann zunächst die hektische Suche nach der „Lärmquelle", um dann mit entschuldigendem Blick Richtung Gesprächspartner das Telefonat entgegenzunehmen. So hat man unter Umständen gleich zwei Gesprächspartner verärgert. Schalten Sie daher Ihr Mobiltelefon unbedingt aus, bevor Sie ein wichtiges Gespräch beginnen.

- **Die Mailbox**: Wir wollen uns nicht wiederholen und verweisen daher auf die Ausführungen zum Anrufbeantworter. Hier gilt ähnliches, vor allem bezüglich Originalität von Ansagetexten. Wir empfinden es als richtig wohltuend, einmal einfach nur den Standardtext zu hören. Da wissen wir genau, was uns erwartet, kein „Humor", der uns verunsichert (Ist Ihnen schon aufgefallen, daß die meisten „witzigen" Mailboxtexte sich auf Kosten des Anrufers lustig machen?). Sinnvoll ist es auch, die Anrufe am Mobiltelefon einfach umzuleiten, am besten ins Büro.

- **Das Zubehör**: Zeig mir dein Handy, und ich sag dir, wer du bist! Dieser Spruch hat durchaus Gültigkeit, betrachtet man die Versuche mancher Benützer, durch die individuelle Gestaltung ihres „Lieblingsspielzeuges" aufzufallen. Da gibt es Modelle mit auswechselbaren Fronten – die Farbe je nach Kleidung abgestimmt – oder lieber doch das Modell im Tiger- oder Zebra-Look? Leicht zu erkennen sind auch die treuen Fußballfans mit dem Modell in „ihren" Klubfarben. Diverse Etuis und Tragtaschen sowie Antennenaufsätze ergänzen das Angebot für den „Telefonierer von Welt". Und wer seine musikalische Begabung unter Beweis stellen will, der lädt sich einfach eine kleine Melodie als Klingelzeichen vom Internet auf sein Handy. Sogar Eigenkompositionen sind möglich. Das Mobiltelefon bietet eine Vielzahl von Möglichkeiten zur Selbstdarstellung. Wer genau hinsieht und hinhört, erhält viele Informationen über Persönlichkeit, Vorlieben und Kommunikationsverhalten seiner Mitmenschen.

Kommunikation via Fax

Das Faxgerät ist ein idealer Übermittler von Schriftstücken. Ich muß das zu versendende Dokument nicht kopieren, nicht mit Briefmarke und Begleitschreiben in ein Kuvert stecken und nicht zur Post bringen. Meist existiert ein Fax-Formblatt, das schon alle wichtigen Informationen über den Sender enthält, in dem ich nur mehr Namen, Telefon- und Faxnummer des Empfängers und die Anzahl der Seiten eintragen muß. Das Fax ist ein unkompliziertes und einfaches Medium für die sachbezogene Kommunikation. Genau da liegen auch wieder einige Fallen bereit:

- **Übertreiben Sie die „neue Sachlichkeit" nicht zu sehr.** Eine freundliche und vor allem richtige Anrede sind immer noch gefordert. Auch auf einer Fax-Nachricht möchte ich meinen Namen richtig lesen. Grammatik und Rechtschreibung sollten der Sachlichkeit nicht zum Opfer fallen. Auch das Fax ist eine Art Visitenkarte, die schwarz auf weiß beim Empfänger vorliegt.
- Unübersichtliche, schlecht strukturierte Inhalte erschweren das Lesen. Es ist also im Sinne einer reibungslosen Kommunikation wichtig, daß ich auch eine Fax-Nachricht **„empfängerorientiert"** gestalte. Ein persönlich gestaltetes Deckblatt gewährleistet dabei, daß der erste Eindruck beim Empfänger ein positiver ist!
- **Gute Lesbarkeit des Originals** ist eine weitere Voraussetzung, um dem Empfänger Ärger zu ersparen. Nicht jedes Faxgerät verfügt über eine Top-Wiedergabequalität – speziell die Thermopapier-Faxe lassen dabei einiges zu wünschen übrig. Es ist für den Empfänger einfach ärgerlich, die Hälfte der Nachricht

nur in unlesbarem Grauweiß vor Augen zu haben. Eine Angabe, unter welcher Telefonnummer bzw. Durchwahl der so Verwirrte Auskunft erlangt, ist da am Deckblatt sehr hilfreich. Besonders bunte, z. B. rote Papiere eignen sich schlecht zur Faxübermittlung.

- Für vertrauliche Informationsübermittlung eignet sich das Fax schlecht. Im Unterschied zum Brief kann ich keinen persönlichen Vermerk anbringen. Das Fax kommt ja offen und für alle gerade in der Nähe des Gerätes befindlichen Personen lesbar beim Empfänger an. Die Sache mit dem „Briefgeheimnis" ist hier nicht eindeutig geklärt. Es ist aber zu empfehlen, in solchen Fällen einen **Zusatz** anzubringen, **als kleine persönliche Absicherung gegen unbefugtes Lesen**:

  > „Diese Nachricht ist nur für den Adressaten bestimmt, da sie persönliche, vertrauliche Informationen enthält. Der Inhalt darf an keinen anderen außer an den Adressaten weitergeleitet werden. Unbefugte Empfänger werden gebeten, die Nachricht vertraulich zu behandeln und den Absender sofort von einem eventuellen Übertragungsfehler zu informieren."

  Frei nach dem Motto „Was verboten ist, reizt besonders!" wird dieses Schreiben wahrscheinlich besonders gerne gelesen werden …

7.2 Fragen Sie doch lieber gleich meinen PC

Die Grenzen zwischen Telefon, Mobiltelefon und Computer sind fließend. Wir können via Mobiltelefon Faxe versenden, geschriebene Nachrichten übermitteln, und schließlich funktioniert ja auch E-Mail via Telefon- bzw. ISDN-Leitung. Es gibt auch Mobiltelefone, die wahlweise als Handy oder daheim/im Büro als Schnurlostelefon genutzt werden können. Bezieht man den PC mit ein, sind die Möglichkeiten der Datenübertragung schier endlos. Nicht nur Text und Wort (z. B. Telefonieren via Internet), auch Bilder werden in Blitzesschnelle übermittelt. Dank der digitalen Aufnahmetechnik gibt es schon Digitalkameras, die mit Hilfe des Mobiltelefons Urlaubsfotos direkt als Gruß nach Hause auf den Bildschirm der lieben Daheimgebliebenen zaubern. Ist doch viel individueller als die ewig gleichen Ansichtskarten – nur für die Oma, da brauchen wir noch eine Ansichtskarte, die hat ja noch keinen PC!

E-Mail und Fax statt Brief?

Die Kommunikation via E-Mail und Fax ist einfach, sachbezogen und zeitsparend. Kein langes Herumärgern mit Schriftverkehrsregeln, kein Entfernen vom Arbeitsplatz durch Postgänge, und vor allem kein Zeitverlust durch die Postbeförderung. Alles geht schnell, und der Chef braucht keine Sekretärin mehr, um rasch eine E-Mail an einen Geschäftspartner zu senden. Ähnlich wie das Mobiltelefon unser Telefonierverhalten hat die E-Mail unsere schriftliche Kommunikation revolutioniert.
Doch der gute alte Brief hat trotz dieser heftigen Konkurrenz noch immer nicht ganz ausgedient. Er zählt – besonders im privaten Bereich – zu einer der intensivsten Formen der Kommunikation. Liebesbriefe via Internet haben eben nicht denselben Reiz wie Herzschmerz aus der „echten" Feder.
Der Empfänger eines Briefes weiß genau, daß sich da jemand sehr viel Zeit für ihn genommen hat – in unserer hektischen Zeit eines der wertvollsten Geschenke für einen Freund. Briefschreiber sind daher zwar immer seltener, aber gerade deswegen so beliebt. Wer bekommt nicht gerne persönliche Post? Zeitdruck hin oder her, als erstes lesen wir doch den mit Handschrift an uns adressierten Brief.

Und wie sieht es mit dem Geschäftsbrief aus?
Auch er ist noch nicht ganz aus unserem Geschäftsleben verschwunden. Die Mehrzahl der schriftlichen Kommunikation erfolgt (noch) per Brief. Und ähnlich wie beim Fax hält der andere schwarz auf weiß in Händen, was wir ihm mitteilen wollen. Wir haben also keine Möglichkeit, das Geschriebene so einfach zurückzunehmen. Es wirkt daher wesentlich nachhaltiger als die mündliche Kommunikation. Eine unkluge, spontane Äußerung kann leicht durch eine sofortige Klarstellung gemildert werden. Eine unbedachte Formulierung, eine nachlässige äußere Form ist dokumentiert.

Es ist daher besonders wichtig, den Brief so zu gestalten, daß keine Mißverständnisse und Barrieren beim Empfänger entstehen. Hier wieder einige Punkte, auf die in dieser Hinsicht besonders zu achten ist:

- **Die Vorbereitung**: Wer unüberlegt einfach drauflosschreibt, tappt eher in die „Spontanitätsfalle" – nicht immer ist gerade im Berufsleben der erste Impuls der richtige. Es lohnt sich, vorher genau zu überlegen, was ich konkret schreiben will. Welche Information ist für den anderen wirklich wichtig? Welche Termine und Zeiträume muß ich beachten? Welche Beilagen und Zusatzinformationen lege ich meinem Schreiben bei?
- **Die äußere Form:** In jedem Land gibt es offizielle Richtlinien, nach denen ein Brief ausgerichtet werden sollte (ÖNORM, DIN-NORM etc.). Das vermittelt Professionalität und Sicherheit und hat nichts mit mangelnder Kreativität zu tun. So ist die richtige Schreibweise der Empfängeranschrift beispielsweise aus posttechnischen Gründen wichtig: die Empfängeranschriften werden elektronisch gelesen und je nach identifizierten Zeichen eingeordnet. Entspricht die Empfängeradresse der vorgegebenen Norm, wird der Brief rascher befördert.
  Die zeitgemäße Briefform ist auch meist lesefreundlicher. Eine übersichtliche Gliederung durch Herausheben der Fakten unterstützt den Lese- und Merkvorgang. Bitte Vorsicht bei Zahlen: Leicht verliert der Leser bei langen Zahlenkolonnen die Lust, weiterzulesen.
- **Der Briefstil**: Ein prägnant und klar formulierter Brief hat eher Chancen, in der Informationsflut obenauf zu schwimmen. Je verständlicher, einfacher und kürzer die Sätze sind, desto lesefreundlicher sind sie. Lange Schachtelsätze und umständliche Nebensätze bilden Lesebarrieren im Kopf des Empfängers. Ebenso verhält es sich mit dem typischen verstaubten „Briefs-Amtsdeutsch":

„Zur Beantwortung von Rückfragen gerne bereit verbleiben wir mit vorzüglicher Hochachtung ...“
„Unserer Hoffnung auf positive Erledigung Ihrerseits Ausdruck verleihend ...“
„Bezugnehmend auf obig angeführten Betreff erlauben wir uns, uns in diesem Schreiben vertrauensvoll an Sie zu wenden mit der Bitte um Kenntnisnahme, Rücksprache und ehebaldigste Kontaktaufnahme ...“

Wer kennt sie nicht, diese Wunder an Formulierkunst, die immer noch durch unseren Briefverkehr geistern? Streichen Sie all diese unnötigen „Papierverschwender“ aus Ihrem Briefstil. Sie wirken verstaubt und überholt. Ein dynamisches Image Ihres Unternehmens entsteht so sicher nicht! Machen Sie aber auch nicht den Fehler, diese Leerfloskeln durch eben so leere, nur modernere Formulierungen zu ersetzen. Beschränken Sie sich auf das Wesentliche, Ihr Leser wird es Ihnen danken!

- **Der Umfang**: Ein professioneller Brief sollte so kurz wie möglich und so lange wie nötig sein. Profis halten dabei den Umfang von einer Seite für die Norm. Gliedern Sie den Inhalt in möglichst kurze Absätze. Bedenken Sie den Leseverlauf, bedenken Sie, daß der Leser zunächst den Betreff, eventuell den Anfang liest und dann meist gleich mit den Augen quer nach unten wandert, um den Schluß zu lesen. Sind also Anfang und Schluß schlecht formuliert oder nicht aussagekräftig genug, ist die Gefahr groß, daß Ihr Brief nicht näher zur Kenntnis genommen wird. Am Anfang bzw. im Betreff

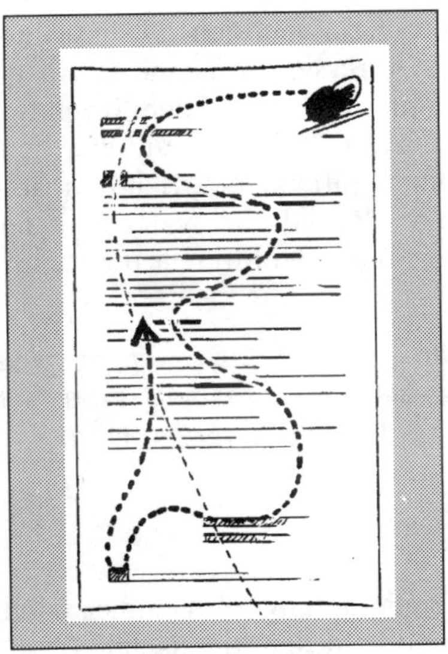

sollte stehen, worum es in dem Schreiben geht. Am Schluß sollte klar erkennbar sein, welche Aufforderung zum Handeln damit verbunden ist. Geht ein Brief über mehrere Seiten, wird die Aufmerksamkeit des Lesers auf eine harte Probe gestellt.

- **Der Rahmen**: Die Richtigkeit des Empfängernamens und seiner Anschrift sind Grundvoraussetzungen, um den Empfänger nicht zu verärgern. Keiner liest gerne seinen Namen falsch. Manche Menschen legen immer noch sehr großen Wert auf alle möglichen erworbenen und verliehenen Titel. Auch die eigene Unterschrift sollte einigermaßen lesbar sein – und vor allem: nicht fehlen! Es zeugt von Nichtachtung des Empfängers, wenn die Unterschrift fehlt!

Vor allem die **Grundregel für jede Form der schriftlichen Kommunikation** gilt es zu beachten:

Wir schreiben für den Leser und nicht für uns selbst!

Mit dem Computer ist Schriftverkehr sehr einfach geworden. Die einheitliche Form, Adressen und Anreden, aussagekräftige Textbausteine und aktuelle Rechtschreibung sind gespeichert. Wir müssen nur die richtigen Bausteine zusammenfügen, und schon ist der perfekte Brief im Drucker! Viele verlassen sich dabei „blind" auf ihren Computer. Ist daher eine Adresse, ein Name falsch gespeichert, erscheint er hartnäckig immer wieder auf dem Briefkopf. Der Empfänger geht vielleicht beim ersten Mal lächelnd über den Fehler hinweg. Sein Antwortschreiben enthält natürlich den richtigen Namen – trotzdem ziert wieder der falsche Name das nächste Schreiben an ihn. Beim nächsten Telefonat bittet er um Richtigstellung – wieder ohne Erfolg.

PS: Ich habe mich einfach daran gewöhnt, daß in einem speziellen Fall aus Herrn Gabriele Schranzcerwinka niemals Frau Gabriele Schranz von der Firma Schranz & Cerwinka werden wird!

Die E-Mail

Diese Form der schriftlichen Verständigung wird immer wichtiger. Experten schätzen, daß die E-Mail bald den klassischen Geschäfts-

brief überholt haben wird. Vor allem auch in der firmeninternen Kommunikation wird die elektronische Botschaft via Intranet immer wichtiger. Statt zu telefonieren, statt den Ansprechpartner aufzusuchen und statt die gute alte Rohrpost zu verwenden, wird nur mehr in den Computer getippt. Es ist uns noch nicht bewußt geworden, wie sehr diese neue Kommunikationsform unser gesamtes Unternehmensklima prägt. Die Gesprächskultur hat sich dadurch entscheidend gewandelt. Es ist eben ein gewaltiger Unterschied, ob wir zum Kollegen auf einen Kaffee „vorbeischauen", um eine Information einzuholen bzw. eine Angelegenheit zu besprechen, oder ob wir ihm einfach formlos eine E-Mail schicken.
Doch auch wenn eine E-Mail-Nachricht keine Rückseite hat, so ist sie doch ein Ding mit zwei Seiten, mit Vor- und Nachteilen, mit Chancen und Risiken.

Bleiben wir zunächst bei den **Vorteilen**:

- Wenn wir unsere Bitte, unsere Meinung, eben das, was wir zu sagen haben, schriftlich abfassen, werden wir gezwungen, **klarer und einfacher zu formulieren**. Mit Worten reden wir oft einfach drauflos, beim Schreiben überlegen wir eher, was wir ausdrücken wollen. Wir kommen eher zum Punkt. Gerade die formlose E-Mail-Sprache fördert diese sachbezogene, knappe Formulierung. Die „Heiße-Luft-Gebilde" aus dem Schriftverkehr haben hier absolut nichts verloren. Das ist entschieden ein großer Vorteil.
- E-Mails helfen **Zeit sparen**. Statt dem „kleinen Tratsch" mit dem Kollegen verfasse ich eine kurze und prägnante Nachricht, die der Ansprechpartner in gleicher Form zurückgibt. Alle einleitenden Plaudereien über Wetter und Wochenende entfallen. Und natürlich muß ich auch meinen Arbeitsplatz nicht verlassen. Manche schaffen es sogar, gleichzeitig auch noch zu telefonieren, ihre Ablage durchzusehen und einem eintretenden Kunden freundlich zuzunicken. Durch die formlose Gestaltung der E-Mails erspare ich mir auch viel Zeit bei der „Verpackung" einer Nachricht. Keine Formvorschriften gilt es zu beachten, keine umständlichen Einleitungen und Verabschiedungen sind nötig. Ich brauche keinen Drucker,

kein Papier, kein Kuvert und keine Briefmarke. Ich erspare mir damit einige Arbeitsgänge.

- Im Unterschied zum Telefon ist es für die E-Mail völlig unerheblich, ob der Empfänger gerade an seinem Arbeitsplatz sitzt oder nicht. Ich kann meinen Wunsch an ihn deponieren und muß nicht mehrmals zum Hörer greifen. Ebenso kann ich mir als Empfänger von E-Mails **aussuchen, wann ich sie öffne**. Es ist daher bei entsprechender Arbeitstechnik leicht, diese Aufgabe ungestört in einem Block zu erledigen, ich muß nicht immer genau dann meine Arbeit unterbrechen, wenn eine Information einlangt, wie es eben beim Telefon der Fall ist.
- Ich kann problemlos und schnell **ein und dieselbe Nachricht an verschiedene Stellen versenden**. Statt mit umfangreichen Kopien den Papierkrieg zu verschärfen, hat der Adressat die nötige Kopie auf Knopfdruck am Bildschirm.
- Das papierlose Büro rückt so in greifbare Nähe: Die Dokumentation der Nachrichten erfolgt fast ausschließlich ohne Aktenordner. Viele **wichtige Mitteilungen**, die bisher nur mündlich „im Haus unterwegs" waren, **sind jetzt schriftlich festgehalten**. Kein Kollege kann mir vorwerfen, er hätte die Information nicht von mir erhalten. Und auch ich habe genau dokumentiert, was mir die Kollegen weitergeleitet haben und was nicht. Versende ich meine E-Mails schreibgeschützt, kann im nachhinein niemand daran „manipulieren". **Meinungsverschiedenheiten und Mißverständnisse können damit erheblich minimiert werden.**
- Auf Grund des raschen Informationsaustausches kann ich mehr Chancen wahrnehmen, **schneller reagieren**. Es ist ein entscheidender Vorteil, zum Beispiel rasch auf einen Kundenwunsch eingehen zu können, als erst den mehrtägigen Postweg abwarten zu müssen.
- Die meisten Mitarbeiter und Chefs erledigen ihre E-Mails selbst, die Sekretärinnen werden entlastet, **Kommunikation wird direkter** – vom Sender zum Empfänger, ohne Umwege und Mißverständnisse.

Es ist also nicht verwunderlich, daß diese Form der Kommunikation rasanten Einzug in unsere Arbeitswelt genommen hat. Manchmal war dieser Einzug jedoch vielleicht etwas zu rasant: Vielen Gefahren, die in dieser Kommunikationsform lauern, wurde noch keine Beachtung geschenkt. Damit ist überhaupt ein großer Unterschied gegeben, wie Entwicklungen in unserer modernen Welt laufen. Früher stand man allem Neuen sehr mißtrauisch, sehr ablehnend gegenüber. Alle möglichen Nachteile wurden heftig diskutiert. Daher dauerte es meist sehr lange und bedurfte es oft großer Anstrengungen und einiger Visionäre, bis sich Neuerungen durchsetzten (So geschehen bei der Erfindung des Telefons!). Heute werden wir mit derart vielen Neuerungen konfrontiert, daß uns kaum Zeit bleibt, über etwaige Widerstände nachzudenken. Die neue Sache hält Einzug in unser Leben, wir benützen sie und stellen erst nach und nach fest, daß das wunderbare Neue auch seine Schattenseiten hat.
Doch Neuerungen aufgrund ihrer möglichen Nachteile einfach zu verdammen, ihre Verwirklichung zu blockieren, den Fortschritt zu hemmen, ist auch nicht der richtige Weg. Genauso wenig, wie Neues ohne Wissen um die Nachteile einfach durchzusetzen. Wir müssen lernen, bewußter mit Neuem umzugehen, den Fortschritt zu nutzen, die Nachteile zu erkennen und durch bewußten Einsatz zu minimieren!

Wo also lauern die **Gefahren für die zwischenmenschliche Kommunikation im Bereich der E-Mails**?

- Gerade weil es so einfach und unkompliziert ist, eine Nachricht zu versenden, wird oft nicht lange überlegt, sondern einfach gemailt. Spontan und ohne zu überlegen. Ich muß mich dabei ja nicht mit meinem Gesprächspartner direkt auseinandersetzen wie am Telefon. Niemand widerspricht, ich kann einfach meine Meinung in die Tasten klopfen. Ein kurzer Klick – und die Nachricht ist versandt. Das gibt ein gutes Gefühl, ich habe wieder etwas vom Tisch, etwas erledigt. Nicht selten werden Aufgaben auf diese Weise hin und her delegiert. Statt ein Problem gemeinsam zu lösen, wird Statement um Statement verschickt, ohne der Lösung näher zu kommen. Der Computer ist geduldig, Speicherplatz ist genug vorhanden.

- E-Mails werden auch oft als Machtmittel eingesetzt. Wer seinen Mitarbeitern firmenbezogene Mails schickt, erteilt gekonnt Befehle. Der andere muß den Befehl hinnehmen, ohne direkt Einspruch zu erheben oder genaue Klärung verlangen zu können. Delegation by E-Mail ist mittlerweile in manchen Unternehmen zur gefürchteten Führungskultur geworden. Einige Kollegen meinen auch, die Wichtigkeit einer Person werde an der Zahl ihrer versandten (und erhaltenen) E-Mails bewertet. Und so schwirrt die elektronische Post durch unsere Büros, sprudelt nur so aus dem Computer und türmt sich vor uns auf. Was aus Zeitersparnisgründen eingeführt wurde, beginnt zunehmend zum Zeitdieb zu werden. Überlegen Sie daher genau, bevor Sie eine Mail verschicken, ob es auch wirklich notwendig ist! Wer ständig mit E-Mails vom selben Absender bombardiert wird, der kann einmal zum „Informationsverweigerer" werden.

- Das Lesen am Bildschirm ist anders als das Lesen eines Schriftstückes auf Papier. Das Auge muß sich wesentlich mehr anstrengen, um die leicht flimmernden Zeichen zu entziffern. Je länger so eine E-Mail, desto mühsamer ist sie zu lesen. Es ist daher im Sinne des Empfängers, wirklich nur kurze Mails zu senden. Wer plant, den anderen bis ins Detail über seine Meinung in Kenntnis zu setzen, der sollte doch lieber um ein persönliches Gespräch bitten.

- Der kurze, knappe Stil in der E-Mail entspricht unserem modernen Bedürfnis, zu kommunizieren. Wir wollen uns nicht lange mit umständlichen Einleitungen, Erklärungen und Höflichkeitsfloskeln herumschlagen. Lieber gleich zum Punkt kommen. Unsere Aufmerksamkeit reicht ja auch meist für ein paar Sekunden, maximal Minuten. Trotzdem hat sich unser Unterbewußtsein noch nicht ganz dem neuen Trend angepaßt. Irgendwo in unserem Innersten fühlen wir uns doch gekränkt, wenn der andere so knallhart und sachlich unsere Ideen abschmettert. Es klingt einfach direkter und brutaler, eine

Absage knapp und prägnant via E-Mail anstatt via Brief mit dazugehörigen Entschuldigungssätzen zu bekommen. Die Welt ist irgendwie rauher geworden in Zeiten der E-Mails.

- Diesen Makel empfinden wir unbewußt. So eine knochentrockene E-Mail läßt uns auch keinen Raum zur Selbstdarstellung. Also versuchen wir, im „saloppen" Stil der Mail-Sprache unsere Persönlichkeit einzubringen und dem anderen freundlicher entgegenzukommen. Entsprechend erfinden wir alle möglichen originellen Kurzformen und „unverwechselbare" Formulierungen als Gruß: „mfg", „liGrü", „schnelle Grüße" und ähnliche Ergüsse gibt es da zu lesen. Die Originalität dieser Buchstabengebilde nützt sich aber sehr rasch ab. Spätestens nach der dritten Mail werden sie eher als störend empfunden. Allzuviel Originalität schiebt auch hier – ähnlich wie beim Anrufbeantworter-Text – den Empfänger ein Stück von uns weg!

Nutzen wir also das Medium E-Mail bewußter, versuchen wir es dort einzusetzen, wo es dem Empfänger und uns auch wirklich Vorteile bringt. Lassen wir uns nicht zum wahllosen Mailen verleiten, nehmen wir Rücksicht auf die Zeit der Leser, und achten wir trotz aller Knappheit auf einen freundlichen, leserorientierten Stil.

Wenn es um eine heikle Angelegenheit geht, ist es immer noch besser, das persönliche Gespräch zu suchen. Dabei haben wir eher die Möglichkeit, Barrieren und Widerstände beim anderen zu erkennen und verbal darauf zu reagieren. Eine unfreundliche E-Mail, die wir immer wieder auf unserem Bildschirm vorfinden, kann unseren Ärger über den Absender unnütz erhöhen!

Barriere Machtverlust durch Telearbeit

Neben all den hier angeführten technischen oder akustischen Barrieren gibt es eine ganz wesentliche im Zusammenhang mit der fortschreitenden Vernetzung, nämlich die psychologische Barriere in bezug auf Telearbeit. Die internationale Vernetzung ermöglicht es, daß Arbeitsplätze an (fast) jedem Ort der Welt errichtet werden können. Heute ist es möglich, Daten über ISDN-Leitung oder GSM auszutauschen. Mittels E-Mail ist die direkte Kommunikation mit dem eigenen Unternehmen bzw. mit Kunden deutlich vereinfacht worden.

Aus eigener Lehrtätigkeit wissen wir, daß Telearbeit dennoch noch immer ein Stiefkind für die meisten heimischen Unternehmen darstellt. Warum wohl ist der Schritt vom materiellen zum virtuellen Unternehmen so schwer vollziehbar, wo liegt die psychologische Barriere? Unserer Ansicht nach ist die größte Hemmschwelle der drohende Macht- und Kontrollverlust der Chefs. Arbeitet mein Mitarbeiter dann auch wirklich den ganzen Tag? Wer hat Zugang zu den Firmenunterlagen bzw. zum PC im Home-Office des Mitarbeiters? Telefoniert er oder sie auf Firmenkosten? Diese und ähnliche Fragen können zwar durch rechtliche oder organisatorische Rahmenbedingungen gelöst werden. Der Rest an Mißtrauen, an vermeintlichem Machtverlust wird jedoch solange nicht ausgeräumt werden, solange für ein Unternehmen die Anwesenheit des Mitarbeiters und die damit verbundene Kontrolle mehr zählt als das Produkt und eine freie Zeiteinteilung. **Telearbeit bedeutet aus unserer Sicht von beiden Seiten – nämlich von seiten des Mitarbeiters und von seiten des Unternehmens – Abbau von Barrieren!**

7.2 Auf dem Datenhighway gibt es keine Straßensperren – oder doch?

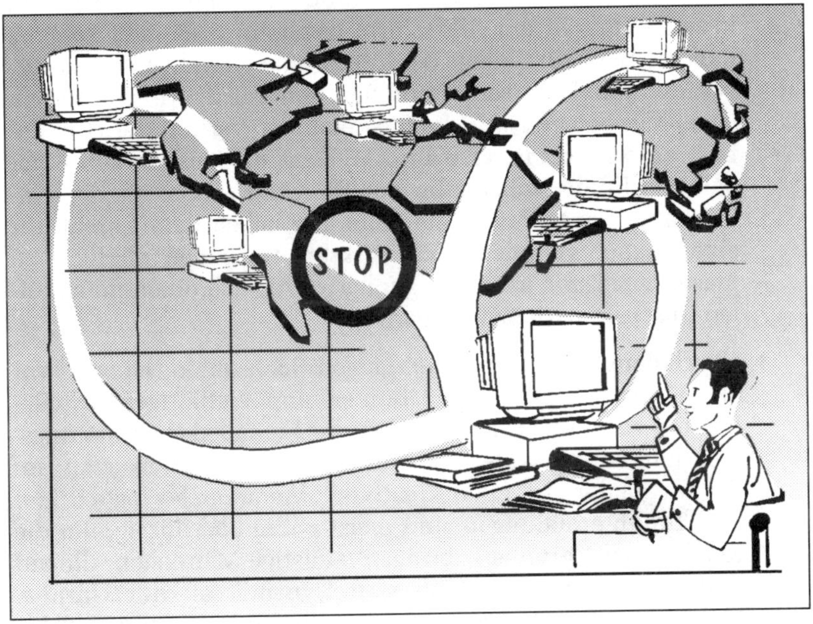

Die Homepage eines Unternehmens wird immer mehr zu einer der wichtigsten Visitenkarten. Der Internet-Auftritt ist teuer, aber als Image- und Marketingfaktor immer entscheidender. Nicht nur große Unternehmen nutzen diesen Kommunikationsweg, vor allem auch mittlere und kleine Unternehmen, Selbständige und auch Privatpersonen springen auf den Datenhighway auf. Die technischen Möglichkeiten sind vielfältig, unendliche Gestaltungsvarianten stehen zur Verfügung. Jeder ist sein eigener Web-Designer. Der Datenhighway ist also nicht grau und einfallslos wie die echte Autobahn, sondern bunt und vielfältig. Kein Wunder, daß es da manchem einmal zu bunt wird!
Wo sind die Straßensperren versteckt, die das „Surfen" im Net oft blockieren?

- **Lange Ladezeiten:** Je vielfältiger eine Internet-Seite aufgebaut ist, desto länger dauert leider auch die Ladezeit. Da kann man zwar schon erahnen, welch tolle Fotomontage da auf einen zukommt – trotzdem vergehen endlose Sekunden, bis das Bild in voller Pracht am Bildschirm erscheint. Das paßt so ganz und gar nicht zum Image des Internet als schnelles, (inter)aktives Medium. Der User ist frustriert und „surft" weiter. Studien haben das belegt: Nach dreißig Sekunden verliert der User die Lust zu warten. Ist also Ihre Website nicht innerhalb einer halben Minute vollständig am Bildschirm, verläßt der Ansprechpartner verärgert die Seite. Sie haben damit nicht nur eine Chance verspielt, sich wirksam im neuen Medium zu präsentieren, Sie haben möglicherweise auch einen potentiellen Geschäftspartner verärgert.

- **Überladene Grafiken**: Die langen Ladezeiten hängen vor allem mit komplizierten Grafiken und vielfältigen Bildelementen zusammen. Da verleitet die Vielfalt der Gestaltungsmöglichkeiten, viele Website-Gestalter verirren sich im Dschungel der virtuellen Kreativität. Vor allem bewegte Bilder und Tonuntermalungen sind meist völlig überflüssig, um die Kernaussage „hinüberzubringen". Lustige Männchen, die auf und ab hüpfen, vermitteln statt Dynamik oft nur Unruhe. Meist wird dabei vergessen, daß auch der Rahmen die Wahrnehmung mitprägt: Die Bildschirmoberfläche ist immer mit im Bild. Der User will in erster Linie Information aus dem Netz, und das rasch. Er will sich einen schnellen Überblick verschaffen, er will wissen, wie und wohin er weiter navigieren kann. Viele Bildelemente, viele Farben, verschiedene Schriften und Hintergründe strengen das Auge unnütz an und werden so als unangenehm empfunden. Hier gilt eindeutig der vielstrapazierte Grundsatz: Weniger ist mehr!

- **Das falsche Format:** Viele der wunderschönen Grafiken kommen nur auf großen Bildschirmen zur Geltung. Offensichtlich vergessen viele Web-Designer, daß die Menschen, die sie ansprechen wollen, meist nur über kleinere Monitore verfügen. Die Durchschnittsgröße der Home-Monitore beträgt immer noch max. 40 cm. Die ganze tolle Wirkung geht somit verloren, wenn ich auf meinem Bildschirm immer nur einen Teil der Seite sehen kann. Die Übersichtlichkeit leidet entschieden darunter. Vielfach werden die Seiten auch noch weiter unterteilt. Da kann ich in drei bis vier Spalten hinauf und hinunter wandern, doch jede Spalte ist so klein, daß gerade einmal zwei Worte in einer Zeile Platz finden. Nicht gerade leserfreundlich!

- **Schwierige Navigation:** Auf dem Bildschirm erscheint immer nur eine Seite. Ich habe daher nicht die Übersicht, die mir mehrere Blätter Papier ermöglichen. Will ich zu einer vorigen Seite, muß ich zurückblättern. Dauert dabei der jeweilige Seitenaufbau länger, kann das zu einer mühsamen Sache werden. Da wünscht sich so mancher den guten alten Katalog zurück! Besonders ärgerlich wird die Angelegenheit, wenn die nötigen Navigationshilfen zum Blättern unübersichtlich oder mangelhaft sind. Vor allem die Rückkehr zur Homepage (der ersten Seite des Internetauftrittes, meist auch so etwas wie das Inhaltsverzeichnis), muß problemlos möglich sein. Statt unzähliger Hypertext-Links (Querverweise zu anderen Informationsquellen) und unübersichtlichen Icons sollten klare Navigationshilfen für den User zur Verfügung stehen. Das gibt Sicherheit, der User fühlt sich auf der Website „zu Hause“, er kommt gerne wieder vorbei!
- **Mangelnde Aktualität:** Wie schon erwähnt, lebt das Medium Internet von der raschen, aktuellen Information. Schneller als durch jede Zeitung können „online“ die neuesten Informationen weitergegeben werden. Nichts ist daher so veraltet wie eine unaktuelle Internetsite. Mindestens alle vier bis sechs Wochen muß eine Seite überarbeitet und aktualisiert werden. Wer will schon wissen, daß das haubengekrönte In-Restaurant – seit neuestem auch im Internet vertreten – die „aktuellsten“ Spargelkreationen anbietet, wenn längst schon überall die Wildsaison angebrochen ist?
- **Informationslawine:** Der große Vorteil des Internet ist für den User, daß er sich seine Informationen gezielt aussuchen kann. Wir müssen nicht wie im Fernsehen den gesamten Werbe-

block über uns ergehen lassen, wir können gezielt zu der Seite „surfen", die uns interessiert. Nichts verärgert uns deshalb so sehr, als trotzdem einer Unzahl von „ungefragter" Werbung zu begegnen. Da blinkt und leuchtet es in allen Ecken des Bildschirmes, wie die Marktschreier verleiten mich Werbegrafiken zum Anklicken. Das wirkt lästig und aufdringlich. Das Internet ist kein Werbemedium wie jedes andere. Wir wollen uns nicht berieseln lassen, wir wollen aktiv selbst wählen. Widerstehen Sie daher allen Versuchen, Fremdwerbung zu integrieren, wenn Sie Ihren Internet-Auftritt planen.

- **Ein einheitliches Erscheinungsbild:** Was sich im normalen Geschäftsleben schon als unumstößlicher Grundsatz durchgesetzt hat, ist im Internet noch immer nicht selbstverständlich: das einheitliche Erscheinungsbild eines Unternehmens, die Corporate Identity. Sehr häufig findet das altbewährte Firmenlogo keinen Eingang in die virtuelle Welt, weil die Verantwortlichen meinen, in einem neuen Medium auch völlig neu erscheinen zu müssen. Das verunsichert den Konsumenten und widerspricht allen mühsam erworbenen Marketing-Erkenntnissen. Achten Sie also vor einem Internet-Auftritt auf ein harmonisches Erscheinungsbild Ihres Unternehmens, und nützen Sie Ihren Bekanntheitswert!
- **Fehlende Interaktion:** Das Revolutionäre am Medium Internet ist die Möglichkeit der gegenseitigen Kontaktaufnahme. Wir können unsere Kunden nicht nur direkt ansprechen, wir können auch Rückmeldungen von ihnen bekommen! Wer diese Möglichkeit nicht nutzt, verspielt einen Großteil seiner Chancen im Internet. Wer im Internet auch direkt verkaufen will, sollte zusätzliche Anreize schaffen: einfache Bestellmöglichkeiten, alternative Zahlungsmodalitäten, nicht nur ein Produkt pro Seite (lange Ladezeiten!) und rasche Bearbeitung der einlangenden Aufträge. Nur wer seinen virtuellen Laden professionell aufbaut, wird in der immer heftiger werdenden Konkurrenz bestehen können.

Aus all diesen Gesichtspunkten heraus will es also genau überlegt sein, wie der Internet-Auftritt auszusehen hat. Überlassen Sie dieses wichtige Kommunikationsmittel nicht einfach dem Zufall oder „ambitionierten Amateuren“. Erarbeiten Sie gemeinsam mit einem Spezialisten die genauen Zielsetzungen und die entsprechende Umsetzung. **Bieten Sie übersichtliche, aussagekräftige und vor allem „userfreundliche“ Inhalte an.** Denn die Zeiten, wo „einfach nur dabei sein“ alles war, sind längst vorbei!

Die Holzwürmer im Theater 4

Heute abend fand endlich die Vorstellung statt, für die die Menschen nun schon so lange geprobt hatten. Das Publikum saß in ergriffenem Schweigen auf seinen weinroten Plüschsesseln. An einem dieser Plüschsessel fraßen sich gerade unsere beiden Freunde durch die hölzerne Armlehne. Plötzlich ertönte direkt neben ihnen ein ohrenbetäubender Lärm. Der ältere Holzwurm fiel vor lauter Schreck fast aus seinem Bohrloch. „Fängt es schon an?“ rief er erstaunt „Na, das Orchester spielt aber heute komisch!“ Das Geräusch klang wie die Arie der Königin der Nacht, die den ersten Auftritt untermalte. Doch da wandte sich die ältere Dame im Nebenstuhl empört an ihren Sitznachbarn: „Können Sie denn nicht einmal im Theater Ihr Handy abstellen? Unerhört, es herrscht kein Anstand mehr im Kulturbetrieb!“

Aha, das war also das Klingeln eines Handys! „Das muß aber eine echter Musikliebhaber sein, wenn er sogar sein Telefon so klassisch trainiert hat!“ murmelte der alte Holzwurm anerkennend.

„Quatsch, das ist bloß so ein Wichtigmacher, der andere Leute nervt mit seiner Sucht! Wozu hat er eine Mobilbox?!“ ärgerte sich der junge Holzwurm.

„Eine Mobilbox, was ist denn das? Eine Tragtasche?“

„Nein, so etwas wie ein Anrufbeantworter, da kann man seine Message draufsprechen, oder man schickt einfach ein SMS“, erklärte der junge Holzwurm, ganz in seinem Element. Bei Handys, da kannte er sich aus! Hatte er doch einige Wochen im Schreibtisch eines Managers verbracht!

„Essemmes, ist das wieder so ein ausländisches Fast food, das die Schauspieler ständig in den Probepausen essen?“ fragte der Ältere.

„Ach nein, das ist eine schriftliche Nachricht, die man sich via Mobiltelefon senden kann. Das erscheint dann einfach am Display! Ist oft besser als das ewige Anklopfen. Wenn man unterwegs ist und dann plötzlich das Handover nicht klappt, ist die Verbindung gekappt. Da ist es schon besser, man sendet ein SMS!" erklärte der junge Experte.

„Da braucht man ja erst einen Sprachkurs!" murmelte der ältere Holzwurm verächtlich.

„Ach, so ein schickes Handy im edlen Holzdesign, mit unbegrenzter SIM-Card, mit PIN- und PUK-Code … Immer erreichbar sein, wenn man unterwegs ist!" schwärmte der junge Holzwurm.

„Wenn man unterwegs ist!" äffte der Ältere ihn nach, „Wo bist du denn schon schon viel unterwegs! Von einem Brett zum nächsten reichen immer noch die guten alten Klopfzeichen!"

8 Barrieren erkennen und überwinden

8.1 Körpersprache, die entwaffnet

Ein Großteil der versteckten Signale drückt sich in unserer Körpersprache aus. Sie beherrscht vor allem unsere nonverbale Kommunikation im persönlichen Gespräch. Ja, ihre Macht reicht sogar noch durch die Telefonleitung: Nicht nur das berühmte Lächeln hört der Teilnehmer am anderen Ende, er bekommt auch mit, ob der Anrufer in der Hängematte liegt oder steif aufgerichtet am Schreibtisch sitzt. Ob er mitschreibt oder sich zu einem Kollegen wegdreht.
Wir haben im ersten Kapitel dieses Buches viel über die Bedeutung einzelner Gesten und Körperbewegungen gesprochen. Hier geht es uns noch einmal sozusagen als Zusammenfassung darum, mit welchen Mitteln wir bewußt unsere Körpersprache steuern können, wie wir Blockaden körpersprachlich verhindern können.

- Da ist zunächst unsere stärkste körpersprachliche „Entwaffnung“, **unser Blick.** Nichts signalisiert dem anderen deutlicher unsere Bereitschaft zur Kommunikation als ein offener, freundlicher Blick. Er ist das erste Willkommenszeichen in einer Begegnung, er ist der letzte Eindruck, den wir positiv mit nach Hause nehmen. Auch wenn Sie vor mehreren Personen sprechen, versäumen Sie es nicht, jedem einzelnen diesen offenen Blick immer wieder zuzuwerfen. So läßt sich auch in einem großen Auditorium jeder einzelne mit einbeziehen, indem Sie in M-Form über das Publikum blicken. Vergessen Sie bei einer größeren Zuhörermenge nie die Personen rechts und links vorne außen. Das sind die Positionen, denen man als Redner bewußt Aufmerksamkeit schenken muß, da man sie leicht „übersieht“. Egal ob vor hundert Menschen oder im Zweiergespräch: wer sich für seine(n) Gesprächspartner wirklich interessiert, der wird ihm/ihnen automatisch jenen offenen Blick schenken, der Barrieren so gut überwinden kann.
- Zu einem offenen Gesichtsausdruck gehört natürlich auch **das Lächeln**. Jenes freundliche, offene Lächeln, das das ganze

Gesicht mit einbezieht. Ist es nicht aus Berechnung oder Gewohnheit aufgesetzt, sondern entspringt es einem ehrlichen Gefühl der Zuneigung, des Interesses am anderen, so kann es fast alle Barrieren überwinden.

- Bewußt eingesetzte Körpersprache kann auch die eigenen Gefühle beeinflussen. Wer zum Beispiel bei einem Streitgespräch unbändigen Ärger in sich aufkeimem fühlt, der zieht normalerweise die Augenbrauen zusammen – ein typisches Anzeichen für ein drohendes Gewitter! Wer in diesem kritischen Moment bewußt die Augenbrauen in die „andere Richtung" bewegt, also hochzieht, dessen Gesichtsausdruck verliert plötzlich seine ganze Aggressivität. Das Gesicht drückt Verwunderung, Erstaunen aus, aber der Ärger ist wie weggeblasen. Mit **leicht hochgezogenen Augenbrauen** kann man einfach nicht böse schauen. Als Beweis können Sie es zu Hause vor dem Spiegel probieren.

- In beinahe jedem Kulturkreis spielen **die Hände** eine wichtige Rolle bei der Begrüßung. Egal ob die Hände geschüttelt werden oder nur die Hand zum Gruß gehoben wird: immer symbolisiert eine Geste, daß sich beide wohlgesonnen sind, keiner den anderen bedrohen will. Wer die Hand zum Gruß hebt, der hat darin keine Waffe versteckt – so einfach lautet die Botschaft. Es ist daher wichtig, daß der andere die Hände sehen kann, daß wir sie nicht hinter dem Körper, in der Hosentasche oder sonstwo verstecken. Auch wenn wir nicht mehr mit Faustwaffen durch die Gegend laufen, die verdeckte oder versteckte Hand des anderen macht uns immer noch mißtrauisch. Achten Sie daher darauf, daß Ihre Handflächen geöffnet sind und eher nach oben zeigen. Das vermittelt Offenheit. Bewegungen nach oben wirken positiver als nach unten drückende Bewegungen. Der bei uns übliche Händedruck sollte kurz und fest sein und möglichst ohne Knochenbruch enden. Der Händedruck als kurze und freundliche physische Kontaktaufnahme – ohne Wegschieben des anderen, ohne Heranziehen und ohne Hinunterdrücken, einfach ohne „taktische" Hintergedanken.

- Weder **die Arme** noch die Hände sollten vor unserem Körper eine Barriere bilden. Wollen wir dem anderen offen begegnen, dürfen wir uns nicht in Abwehrposition begeben. Auch unsere Ellenbogen sollten nicht nach außen zeigen, „Ellenbogentaktik" widerspricht einer offenen Körpersprache. Die Arme leicht angewinkelt, die Handflächen geöffnet und die Bewegungen natürlich und nicht übertrieben – so können wir unsere Argumente positiv verstärken, ohne den anderen in die Enge zu treiben, zur Abwehr zu zwingen.

- Wer **mit beiden Beinen sicheren Bodenkontakt** hat, der vermittelt Sicherheit. Ein natürlicher, unverkrampfter Standpunkt spiegelt sich auch im Gespräch wider. Es signalisiert dem anderen: „Ich fühle mich in diesem Gespräch wohl, ich habe keinerlei Wunsch, zu flüchten." Vermeiden Sie unruhige Bewegungen mit den Füßen, und achten Sie darauf, daß Ihre Fußspitzen nicht aggressiv in Richtung des Gesprächspartners zeigen.

- Verspannt sich bei einem Gespräch Ihre Muskulatur, ist das ein deutliches Zeichen für den anderen, daß da jemand in Verteidigungshaltung geht, daß das Gespräch nicht mehr ganz so harmonisch läuft. Achten Sie daher in Ihrem und im Interesse des Gesprächspartners auf ein **bewußtes Entspannen der Muskeln.** Senken Sie einfach bewußt die Schultern, atmen Sie tief – bis in den Bauch – durch, das entkrampft. Im unbewußten Bestreben, Ihre Körperhaltung zu spiegeln, wird der Gesprächspartner das gleiche tun. Das kann ganz unbemerkt einen entscheidenden Beitrag zur Entspannung eines Gespräches leisten.

- Apropos **Spiegeln**: Wie erwähnt ist das unser unbewußter Versuch, die Harmonie, die gleiche Wellenlänge zum Gesprächspartner herzustellen. Diesen positiven Impuls sollten wir grundsätzlich nicht unterdrücken. Aufpassen sollten wir aber dann, wenn der Gesprächspartner typische Gesten der Abwehr einnimmt bzw. hektische Fluchtsignale aussendet. Diese negativen Körpersignale werden durch ein Spiegeln unsererseits nämlich verstärkt, bringen das Gespräch weiter auf eine unruhige, hektische Schiene. In so einer Situation ist es besser, bewußt auf offene Signale zurückzugreifen, um dem andern zu zeigen: „Es besteht kein Grund für dich, unruhig zu werden, flüchten zu wollen!“

- Sehr wichtig für das Wohlfühlen des Gesprächspartners ist es, die richtige **Distanz zu wahren**. Wer dem anderen zu nahe rückt, wird als aufdringlich oder aggressiv empfunden. Wer aber immer weiter zurückweicht, der baut eine Barriere zwischen sich und seinem Gesprächspartner auf. Wahren Sie also im Gespräch immer den richtigen Abstand – nicht nur als ein Zeichen von Anstand, auch als Zeichen von Achtung und Wertschätzung.

Eine offene Körpersprache bewußt einzusetzen ist wesentlich einfacher, als es scheint. Es ist nicht so sehr eine Frage des Trainings, der „Körperbeherrschung“. Es ist eine Frage der inneren Einstellung: Wer dem anderen offen und interessiert gegenübertritt, der bedient sich ganz automatisch einer offenen Körpersprache. Und wer sich hauptsächlich auf den anderen konzentriert, ihm bewußt und aufmerksam zuhört, der reagiert auch mit dem Körper richtig. Er will sich nicht selbst „in Szene setzen“. Und so bleiben auch seine Gesten und Bewegungen natürlich und ungekünstelt. Der beste Weg, Barrieren gar nicht erst entstehen zu lassen!

8.2 Notwendige Grenzen

Wir haben uns sehr bewußt mit dem Überwinden von zwischenmenschlichen Barrieren auseinandergesetzt. Ein Aspekt soll jedoch dabei nicht unerwähnt bleiben: **Bei aller – wünschenswerten – Offenheit in der Kommunikation ist es doch gelegentlich wichtig, sehr bewußt Grenzen zu setzen.** Nicht immer können und wollen wir dem anderen offen gegenübertreten. Nicht immer führt die „Taktik der eigenen Öffnung“ zur Entwaffnung des anderen. **Manchmal ist es einfach notwendig, dem Gesprächspartner freundlich, aber nichtsdestoweniger deutlich zu zeigen, wie weit er gehen darf.** Denn nicht nur Kinder versuchen immer wieder festzustellen, wo ihre Grenzen sind, wie weit ihre Freiräume reichen.

Ein schöner Satz besagt, daß die Grenzen der Freiheit des einzelnen dort enden, wo die Freiheit des anderen beginnt. Doch was tun wir, wenn der einzelne nicht erkennt, wo meine Freiheit beginnt? Wenn er auf der Suche nach bedingungsloser Selbstverwirklichung meine „Freiheit" einfach ignoriert?

Auch die **Signale dieses „Freiheitsentzuges"** sind versteckt. Wir registrieren sie unbewußt, stellen ein zunächst leises Unbehagen fest und erkennen oft viel zu spät, daß da jemand bewußt oder unbewußt versucht, uns zu dominieren, uns zu verdrängen. Es gilt also auch hier, die Zeichen rechtzeitig zu erkennen. Geht nämlich jemand nur mit seinen Argumenten, mit seinen Worten zu weit, erkennen wir das unmittelbar. Wir reagieren darauf auch sofort, indem wir Gegenargumente bringen, mit Worten kämpfen oder uns schmollend und beleidigt zurückziehen.

Findet der „Angriff" aber mit anderen Mitteln, etwa mit der Körpersprache statt, reagiert nur unser Unterbewußtsein. Hat sich nun in uns so eine unterbewußte Abwehr formiert, sollten wir uns spätestens hier bewußt mit der Lage befassen. Wollen wir noch einen Versuch wagen, den anderen „gewaltfrei" zu öffnen, bewußt auf ihn zuzugehen? Oder ist es an der Zeit, die Abwehr auch deutlich zu zeigen?

Zu entscheiden, wann dieser Punkt erreicht ist, bleibt wohl jedem selbst überlassen. Dann jedoch gilt es, dem anderen sehr deutlich klar zu machen, daß wir diesen Weg so nicht mitgehen wollen. Eine sachliche Klärung zur richtigen Zeit kann da emotionale „Spätfolgen" verhindern helfen (siehe dazu auch Kapitel 6)!

Entscheidend für das sichere eigene Auftreten ist es aber, diese notwendigen Barrieren klar zu definieren – vor sich und den anderen. Es ist manchmal besser, einen Konflikt offen auszutragen, als die Barriere im Geheimen immer weiter wachsen zu lassen!

8.3 Signale richtig deuten

Es gibt also eine Vielfalt an versteckten Signalen und Botschaften, die unser zwischenmenschliches Verhalten steuern und beeinflussen. Die Worte, die wir zueinander sprechen, sind nur ein ganz kleiner Teil dessen, was wir wirklich vermitteln. **Die wahre Macht die-**

ser versteckten Signale liegt in der simplen Tatsache, daß wir diese Signale nur mit dem Unterbewußtsein wahrnehmen.
Gelingt es uns, diese Zeichen und Botschaften deutlicher zu erkennen, in unser Bewußtsein zu rufen, gewinnen wir mehr Sicherheit im Umgang mit unseren Mitmenschen. Wir erkennen Barrieren rechtzeitig, wir identifizieren die Dinge, die uns und anderen im Wege stehen, und lernen, sie zu überwinden.

Die Signale in mir

Am einfachsten sollte dies bei uns selbst gelingen. Der Blick ins eigene Innenleben hilft da weiter. Unser Körper sendet uns zahlreiche Signale, vom unbestimmten Unwohlsein bis hin zur echten Krankheit. Hören wir ihm zu, achten wir auf innere Warnsignale, reagieren wir rechtzeitig! Verdrängen wir unsere inneren Gefühle und Emotionen nicht, lernen wir vielmehr, damit umzugehen. Nur wer seine Emotionen in die richtigen Bahnen lenkt, verhindert unliebsame und zeitlich unpassende Ausbrüche oder ungesunde, krankheitsauslösende „Staulagen".
Viele innere Barrieren stehen einem offenen Auftreten nach außen im Weg.
Wo liegen die inneren Blockaden versteckt, die uns hindern, offen an den anderen heranzugehen?

- **Ist es die Vorurteils-Barriere?** Machen Sie sich – wie bereits ausgeführt – Ihre ganz persönlichen Vorurteile bewußt. Wer seine „Vorurteils- und Erfahrungsblockaden" kennt, kann viel bewußter damit umgehen. Es wird uns nicht gelingen, alle unsere ungerechtfertigten Vorurteile abzubauen. Wir brauchen unseren persönlichen Filter als Schutz, als Hilfe zum raschen Reagieren. Nur sollten wir eben wissen, warum uns gewisse Personen oder Situationen so verunsichern. Wenn wir eine innere Barriere wahrnehmen und identifizieren, können wir selbst entscheiden, ob wir diese Barriere dort lassen, wo sie ist, oder ob wir sie niederreißen.
- **Ist es die Perfektions-Barriere?** Jeder erhebt mehr oder weniger hohe Ansprüche an sich selbst. Oft steht uns der absolute Wunsch nach Perfektion im Weg. Der unbedingte Siegeswille

hemmt uns. Wir meinen, nur wer den anderen in der Kommunikation dominiert, hat Erfolg. Auf der andern Seite steckt in uns allen der Wunsch nach Harmonie, die Angst zu widersprechen, die Scheu vor dem „Nein". Diese beiden Antreiber stehen in uns im Widerstreit. Einmal überwiegt der eine, einmal der andere. Und im Spannungsfeld dieses inneren Konfliktes vergessen wir, uns auf den Gesprächspartner zu konzentrieren. Kommunikation ist kein Wettstreit, kein Duell. Es geht nicht um Sieg oder Niederlage, es geht um eine offene Zuwendung zum anderen, um eine Auseinandersetzung mit seinen Ideen und Vorstellungen. Nur wer Anregungen von außen auch an sich heranläßt, kommt innerlich weiter. Sonst bleiben wir im inneren Spannungsfeld unserer gegensätzlichen Ansprüche stecken und treten auf der Stelle.

- **Ist es die Dringend/Wichtig-Barriere?** Oft sind wir durch die vielen neuen Eindrücke und Beziehungen verunsichert. Nicht nur die zwischenmenschlichen Begegnungen, vor allem auch die Kommunikationsmedien werden immer vielfältiger. Kaum mehr eine Situation, wo wir nicht mit anderen in Kontakt treten. Wir sind immer und überall erreichbar, via Computer und World Wide Web wird uns jede Botschaft bis ins Wohnzimmer übermittelt. Da ist es nicht verwunderlich, wenn wir zu „Informationsverweigerern" werden. Wir müssen in Zukunft lernen, gezielter zu selektieren. Nicht jedes Gespräch ist wichtig, nicht jede Information muß sofort verarbeitet, gespeichert oder weitergeleitet werden. Wer vieles gleichzeitig bewältigen will, erliegt der Flut an Informationen. Die Beziehungen werden dadurch oberflächlicher, austauschbarer. Wenn wir nicht erkennen, was wirklich wichtig ist, übersehen wir die echten Chancen im Leben. Lernen wir also, die wichtigen Beziehungen bewußter zu pflegen – egal ob via Mobiltelefon, E-Mail oder im persönlichen Gespräch!

Die Signale von außen

Wir sind sicher, daß Sie nach der Lektüre dieses Buches etwas bewußter auf Ihre Umwelt achten. Es sind gerade die vielen kleinen Details, die unsere Beziehungen prägen. Viele selbstverständliche Dinge, die wir genau deswegen nicht mehr bewußt wahrnehmen. Lernen Sie in drei einfachen Schritten, auf diese wichtigen, in den vorangegangenen Kapiteln beschriebenen Signale und Zeichen zu achten.

1. Schritt: Entscheiden Sie, welche Situationen für Sie besonders wichtig sind, welche Beziehungen in Zukunft besser laufen sollten. Wer zum Beispiel so gut wie nie in einer Besprechung sitzt, der wird mit den Vor- und Nachteilen der einzelnen Sitzordnungen wenig anfangen. Suchen Sie sich aus unseren Tips diejenigen heraus, die für Sie wesentlich und hilfreich sind. Dieses Buch will ein Ratgeber sein, der Ihnen in Ihrer ganz persönlichen Praxis helfen soll.

2. Schritt: Analysieren Sie einmal in Ruhe Situationen, die in der Vergangenheit für Sie unbefriedigend gelaufen sind. Was haben Sie übersehen? Wie war die Körpersprache des Gesprächspartners, wie Ihre eigene? In welchem Umfeld hat sich das Gespräch abgespielt? Welche Rahmenbedingungen haben es begleitet? Was konkret hat Sie gestört? Wie, glauben Sie, hat der andere die Situation empfunden? Identifizieren Sie so die Barrieren und Hürden, die einem guten Gespräch im Wege gestanden haben.

3. Schritt: Erstellen Sie für sich einen ganz persönlichen Aktionsplan. Worauf werden Sie in Zukunft besonders achten? Unter welchen Rahmenbedingungen müssen Sie besonders aufpassen? Was können Sie bewußt dazu tun, um die Barrieren bei anderen abzubauen – oder noch besser, diese erst gar nicht entstehen zu lassen?

Viele dieser Prozesse laufen sehr rasch ab. Schon in den ersten paar Sekunden legt sich fest, wer ein Gespräch dominieren wird. Der erste Eindruck spielt dabei eine mächtige Rolle. Wer jedoch diese versteckten Signale, die unsere Beziehungen von Anfang an so entscheidend prägen, bewußter wahrnimmt, der ist dieser Macht nicht hilflos ausgeliefert. Der kann bewußt gegensteuern und noch so große Hürden überwinden. Der gibt sich und dem anderen eine zweite Chance!

Willkommen im zweiten Eindruck!

Quellenverzeichnis

Birkenbihl, Vera F.: Stroh im Kopf? Gebrauchsanleitung für's Gehirn. 33. Aufl., 19. Aufl. dieser Ausg. – mvg-verlag, Landsberg am Lech, 1998

Cerwinka, G./Schranz G.: Professioneller Telefonverkauf, Ueberreuter, Wien 1996

Cerwinka, G./Schranz G.: Professioneller Klientenempfang, Ueberreuter, Wien 1997

Cerwinka, G./Schranz G.: Der optimale Umgang mit Chefs, Ueberreuter, Wien 1998

Cerwinka, G./Schranz G.: Die Macht des ersten Eindrucks, Ueberreuter, Wien 1998

Eisler-Mertz, Ch.: Die Sprache der Hände, mvg-verlag, Landsberg am Lech 1997

Molcho, S.: Körpersprache, Mosaik Verlag, München 1983

Molcho, S.: Körpersprache im Beruf, Mosaik Verlag, München 1988

Reischl, G.: Der kleine Handyaner, Ueberreuter, Wien 1998

Sator, G.: Feng Shui, Gräfe und Unzer Verlag, München 1997

Schober, C.: Farbenlehre und Farbwirkung mit praktischer Anwendung. Vortragsskriptum, Wien 1999

Thiel, E.: Die Körpersprache verrät mehr als tausend Worte, Ariston Verlag, Genf 1986

Twain, Mark: New York World, Weihnachten 1890, Seite 119

Quellenverzeichnis